站在偉人的肩上看世界

聽20位
哲學家
說故事

站在偉人的肩上看世界
聽20位哲學家說故事

2017年11月1日初版第一刷發行
2019年 3 月1日初版第二刷發行

作　　者　高隨有
繪　　者　金俊永
譯　　者　馬毓玲
編　　輯　曾羽辰
美術編輯　黃郁琇
發 行 人　齋木祥行
發 行 所　台灣東販股份有限公司
　　　　　＜地址＞台北市南京東路4段130號2F-1
　　　　　＜電話＞(02)2577-8878
　　　　　＜傳真＞(02)2577-8896
　　　　　＜網址＞http://www.tohan.com.tw
郵撥帳號　1405049-4
法律顧問　蕭雄淋律師
總 經 銷　聯合發行股份有限公司
　　　　　＜電話＞(02)2917-8022

TOHAN

國家圖書館出版品預行編目資料

站在偉人的肩上看世界 聽20位哲學家說
故事 / 高隨有著；金俊永繪；馬毓玲譯.
-- 初版. -- 臺北市：臺灣東販, 2017.11
176面；18.5×23.5公分
ISBN 978-986-475-491-5(平裝)

1.哲學 2.傳記

109.9　　　　　　　　　　106017482

세상을 바꾼 철학자 20인의 특별한 편지

Copyright 2016 © by GO SOO YOO
All rights reserved.
Complex Chinese copyright © 2017
by Taiwan Tohan Co., Ltd
Complex Chinese language edition arranged with
Giant Book through 連亞國際文化傳播公司
(yeona1230@naver.com)

人類思辨的起源，
改變世界的關鍵！

站在偉人的肩上看世界

聽20位
哲學家
說故事

高隨有/著　金俊永/繪

馬毓玲/譯

康德

前言

　　　　　　　　每個人都有自己的一套人生哲學。

　　然而，大家經常提到的「哲學」兩字，卻總是被認為艱深難懂、離我們甚之遙遠，這是因為哲學裡提到了辨證法、現實主義、四大偶像論、週期論等有如暗號般難以理解的字彙，使得人們產生偏見。

　　可是認為哲學就在自然裡的老子、主張經驗就是哲學基礎的培根，還有相信哲學思想建構人類生活的莊子等聞名至今的哲學家們，皆期許哲學自然地融合在我們的生活裡。

　　當我們看見天上星星時，「思考」它是什麼的這個行為是「哲學」，「分析」其運行軌跡為宇宙原理的行為則

是「科學」。與此同理，當我們思考自己與自己周圍的人事物時，該行為本身就是哲學。

　　所謂的哲學，應該是發自內心。

　　亞歷山大大帝曾問犬儒學派的第歐根尼願望為何，並保證兌現他的心願，結果正在曬日光浴的第歐根尼只要亞歷山大大帝不要擋住陽光。第歐根尼選擇陽光的理由，單純因為陽光是讓他感到幸福的因素而已，由此可見，即使擁有社會價值觀上的名譽或財富，並不一定會讓人感到幸福。

　　有人曾經說過「哲學就在我心」，希望各位透過本書，也能以自己的哲學找到真正的幸福。

目錄

為了自己相信的事堅持到最後
蘇格拉底

B.C. 469 ~ B.C. 399

以前有位看起來相當聰穎的年輕人來找我，大剌剌地對我說：

「請您教我知識與學問！」

我對他微微一笑，並帶著他朝向河邊走去，最後一把抓起他的後頸，將他丟進河水裡。那位年輕人嚇了一跳，在水裡緊張地掙扎，不時呼喚我救他，但我裝作沒聽到。

過了一會兒之後，我將那位年輕人的頭拉出水面，這麼問他：

「你在水裡最想要的是什麼？」

「氧氣！我最需要氧氣！」

「如果你對學問和知識的渴求，也和剛剛在水裡需要氧氣一樣迫切的話，你應該不會有這個時間跑來求我才對。」

這段話流傳到後世，成為所有夢想成為哲學家的人都熟知的一段名言。

沒錯，我就是人們口中所謂西洋哲學的起點，希臘哲學家蘇格拉底。前面所提到的小故事，是我人生中眾多故事的其中之一，不過若你實際見到我的話，大概不會覺得我是位偉大的哲學家。

讓我自己講自己，還真是挺不好意思的。其實我長得很不好看，兩顆眼珠往外凸，鼻子塌得就像被什麼東西輾過一樣，所以大家都說我是醜男，但我從未對我自己的外表感到丟臉，因為老天爺雖然給了我難看的外貌，但卻也給了我擅於思考的頭腦。

我常和學生們對話交流，並在過程中留下許多關於哲學的名言。後來我的學生柏拉圖將我所說過的名言匯整起來，並將這些故事一併收錄在他撰寫的書籍裡。

我想你們可能都聽過這句話：

「惡法亦法。」

這句話是我在監獄裡說過的話。

當時許多哲學家彼此爭論，也創立了許多新學派，對他們來說彼此都是勁敵，也因此相互攻擊的事情層出不窮，而我不免成為受害者的其中一員。

我批判過政府的營運方式，也指責過行政失當之處，不少人不贊同我的這些舉動，最後我被市民們一狀告上法院，面臨被審判的命運。

那時的審判方式並非由法官一人定罪，而是由市民同時擔任檢察官與法官，在透過市民投票決定刑罰之後，由法官宣判並執行罰則，若犯人展現出反省悔過之意，則可獲得刑罰減免。

由於我曾批評那並不是一個很好的審判方式，結果反而讓我因此遭受審判，市民們對我做出的裁決是有罪並須予以死刑。

法官問我認不認罪，只要我承認自己犯罪並同意反省悔過，就能免於一死。

「老師，活著才是最重要的，不是嗎？您就認罪吧，好嗎？」

我的學生們來監獄探視我時，苦苦哀求我咬牙認罪，並一直說服我只有活下來，才能繼續推動理想並改變這世界。不只如此，就連負責審理我這案子的法官也一直勸我反省罪行，才有機會活命。

　　老實說，我也就是個普通人，怎麼會不想活命呢？而且我還有妻子和其他家人，要是我死了，他們一定會傷心不已。可是就算我的弟子們和家人們如此懇求，我也無法屈服，因為對我來說，我的思想和人生哲學遠比家人和性命更重要。

　　我不想變成一個膽小鬼，我不想因為受到生命威脅而欺騙自己。

　　隨著死刑執行日漸近，越來越多學生和愛我的人們趕來監獄說服我。

　　我的太太贊西佩也到監獄來遊說，要我為了孩子們認罪，但我仍不為所動。

　　「以後不要再來了，我被處刑那天也不要來，這是我這輩子對妳的最後請求。」

　　我無情地把太太趕走。

　　「老師，您不是說過這國家被幾個無知者給掌控了

蘇格拉底

嗎？既然如此，那麼您無須跟著那些無知者所創的法律走呀！」

最後某個學生實在看不下去，對我發了脾氣。我只是笑笑地回答他：

「惡法亦法。正因為是法律，我身為希臘市民也一定要遵守才行。」

我的心意已決，學生也無法阻攔我。

執行日當天，我在喝下毒酒後，便永遠離開了這個世界。

直到現在，我都不曾後悔當初的抉擇，因為我重視我的哲學與思想更甚於我的生命，那也是每一位哲學家都該有的驕傲。

回過頭來看看我的人生，就某方面而言，說是坎坷曲折、波瀾萬丈也不為過，但那並不是我刻意求取的人生結果，而是因為我有寧死不屈的堅強意志所造就而成的壯烈人生。

哲學家之路並不好走。

雖然走上哲學家這條路歷盡艱辛，但過程中卻也讓

蘇格拉底

我充滿喜悅與幸福。我所呼籲與追求的民主主義已獲得現代人的認同，如今我期望並想像這世界能夠因為哲學而變得更光明美好。

蘇格拉底的申辯

此為柏拉圖的哲學著作裡的其中一個篇章，當中提到了蘇格拉底因不相信國家信奉的神，被人認為會給青年們帶來不好的影響，而被判處死刑，而蘇格拉底在罪刑宣判之後，為此做出了辯駁。這也是柏拉圖著作之最，自古以來被認為是希臘文學史上的散文文學的經典之作。

不同的哲學家故事 ①

柏拉圖

B.C. 427 ~ B.C. 347

柏拉圖是蘇格拉底的學生，當蘇格拉底抑鬱離世以後，柏拉圖也受到了來自陷害老師身亡者的威脅，只好出逃雅典。等到日後返回時，他設立了學院，即為現今大學的前身。

柏拉圖在學院裡教授科學、體育、哲學等各式科目，且不收學費，在學院的玄關還懸掛著「不諳幾何學者，請勿進入」的文句，強調邏輯思考的重要性。

柏拉圖有許多學生，其中包含了亞里斯多德與古代西西里島君主狄奧尼修斯二世。柏拉圖曾希望透過狄奧尼修斯二世，施行以懂哲學之人來治理國家的「賢人政治」。

字字句句都有靈魂
亞里斯多德

B.C. 384 ~ B.C. 322

不管是年紀多小的孩子，應該都曾聽過我的名字。沒錯，我就是希臘的哲學家，亞里斯多德。

我主要研究與政治有關的哲學，並教育貴族子女這些學識，因此我有許多學生都直接參與政治，並依照我的指導來管理百姓。

同時也被稱為生物學家或科學家的我，在當時基於學者本色，幾乎所有學問都在我的研究範圍裡。

事實上，我所提出的科學假設──天動說，也就是天體以地球為中心，其他星球皆環繞著它而運行的學說，一直到日後地球自轉的學說出現為止，天動說為眾

多科學家都認可的理論。不只如此，在生物類的領域，我所提出的假說也被認為是不變的真理，至今持續為生物學界使用了兩千多年。

　　我出生於希臘北部一個名叫斯塔基拉的小城市，父親是名醫生。也許就是因為這個緣故，父親從小就讓我接受各種教育，所以我自幼就對學問展現出關注與熱情。不只如此，我也經常思考科學的奧祕、人類究竟是多麼神祕的存在等問題，要說這些都是出自於父親的影響也不為過。

　　我很希望能多研讀一些學問，正好當時我聽說蘇格拉底的學生──柏拉圖開了一所學院。

　　「父親大人，我很想多學習一些知識，可以讓我到雅典去學習嗎？」

　　父親聽了我的請求後，便問我想要到雅典學習什麼，而我告訴父親自己想學習生物與哲學。

　　「好吧！既然你如此希望，那就去雅典一趟吧，希望你在那裡能增廣見聞，學習到更多的知識。」

　　父親答應了我的請求。

　　於是在得到父親的支援之下，我隻身前往雅典，進

亞里斯多德

入柏拉圖的學院裡學習。

　　來到學院以後，並非只是衝著興頭上的學習而已，而是依照邏輯性的方法來進行學習，也因此我獲得了許多知識。在學院學習的這段期間，我也受到柏拉圖的諸多影響，其中之一就是大自然運轉時的目標，只不過關於這方面，我個人否定柏拉圖的萬物本質與其存在是各自獨立的這項理論。

　　舉例來說，假設現在身邊有個書桌，我認為這個書桌的本質與叫做書桌的這個物質是無法分離的。

　　我的學生中，有一位是亞歷山大大帝，他廣向世人告知我就是他的老師，於是有許多人前來求我解惑。

　　某日，有位年輕人來訪。

　　「老師，我不管怎麼努力學習都感受不到樂趣，到底要怎麼做，才會讓我覺得學習是件有趣的事呢？」

　　我這麼回答他：

　　「學習不該是忍耐而為，而是自主去做的事情，其本質是愉快的。就像我們聽音樂時，如果只是聽，而不跟著唱，那麼一點也不有趣，所以音樂不該只是用耳朵去聽，也要用嗓子去體會其中的美好。漂亮的圖畫也是

一樣，如果不親自去嘗試繪畫或收藏，那麼是無法感受到其樂趣的，因此人類的幸福來自於探究與征服。」

我又繼續向他說明：

「如果你希望享受學習的樂趣，就要先喜歡學習。你知道成功的音樂家是怎樣的人嗎？」

「不就是做音樂的人嗎？」

「雖然你說的沒錯，但卻也不全然正確。成功的音樂家是能夠享受音樂的人，而成功的政治家則是能享受政治的人，享受其中的樂趣便是讓你去做這件事的前提，所以你除了找出能夠真正享受其中的因素之外，沒有其他方法能讓學習變得有趣。」

年輕人聽完我的話以後，表示會去找尋享受學習樂趣的因素後就離去了。

此外，我也致力於把我的學術理論用更簡單易懂的方式傳授給眾人。比起長篇大論，還是短短一句深入人心的話，更讓人印象深刻，你說是吧？因此我一直努力用最簡短的幾句話語來讓人理解我的思想。

曾有另一名學生這麼對我說：

亞里斯多德

21

　　「老師，您認為這世上所有犯罪的成因是什麼呢？我記得好像有人說過，那都是人類的欲望所造成的。」

　　「不是的，我認為犯下大罪的主因並非欲望，而是因為不知足所引起的。因欲望而犯下的罪行多發生於瞬間，但不知足所引起的犯罪卻是影響規模更大、更為殘酷的罪行。你們認為，因為飢餓而殺人是犯下大罪，還是因為想要奪取更多土地，而把鄰國百姓們都殺了以強取掠奪才是更嚴重的罪行呢？」

　　學生們聽了我的話以後，都點頭表示贊同。

　　有一次我在上課時，還發生過這麼一件事。

　　有位家境富裕的學生總是瞧不起其他同學，因此其他同學都不喜歡他。

　　可是有一天，那位家裡有錢的學生和同學裡的頭頭打了起來。我將他們兩人都帶走，並靜靜地聽他們解釋緣由。

　　「我要什麼有什麼，以後可是會成為了不起的人物，但是這傢伙卻說他是老大，還敢命令我！」

　　出身有錢人家的學生憤恨不平，氣呼呼地抱怨。

　　「你想成為領袖嗎？」

亞里斯多德

「那當然！父親也說只要向老師您學習，以後等我長大就能成為眾人的領袖。」

「這樣的話，那麼我沒什麼可以繼續教你了，以後不用再來我這裡了。」

「什麼？！為什麼？！」

那學生慌張地緊抓著我，於是我告訴他：

「連如何服從都不知道的人，要怎麼當一位好的領袖？只有懂得服從，才知道要怎麼讓別人服從你。」

語畢，這個家境富裕的學生深深感到悔恨，之後便很努力和其他學生們打成一片。

現實主義　亞里斯多德

柏拉圖主張這世界不過是所謂的表象，而其學生亞里斯多德卻反對此主張，認為現實生活中的一切都是真實的。

不同的哲學家故事 ②

伊比鳩魯

B.C. 341 ~ B.C. 270

伊比鳩魯生於公元前 341 年的薩摩斯島，當時薩摩斯島是雅典的殖民地。

伊比鳩魯的學說為快樂。他認為所謂的快樂容易讓人誤解，而快樂也包含精神上的快樂，也就是幸福。

但肉體上的快樂有時卻會伴隨著痛苦，就像再好吃的食物只要吃太多，就會導致拉肚子或消化不良的問題，反而使得身體一整天都處在不舒服的狀態下。

伊比鳩魯認為當人對於飲食與生活的擔心與憂慮，甚或是因死亡而遭受的苦痛等不再有所動搖，並保持心神穩定的狀態時，就是所謂的「寧靜狀態」，而這也是他學說中的主要宗旨。伊比鳩魯曾這麼說過：「我以清水和麵包為食便能感受到全身洋溢著快樂。」

最重要的是肉眼看不到的內心

孔子

B.C. 551 ~ B.C. 479

　　你聽過《論語》這本書嗎？

　　我和學生間的問答被集結成《論語》一書，收錄了不少足以成為人生道理的名言，同時也是儒家經典中最基本的一本書。因此在朝鮮時代，若想通過科舉考試、及第成名的話，首要研讀的書籍就是《論語》與「四書三經」。

　　儒家特別強調仁、義、禮、智等四大要素，其中所謂的「仁」是指秉持溫和善良之心對待他人、「義」指的是人與人之間的緊密關係結合、「禮」指的是以禮待人，而「智」則是出眾的智識。

我在世期間，培養出不少弟子，並且和他們周遊列國，獲得許多不同的經驗。

其中讓我印象最深的，是位名叫顏回的學生。

顏回可說是我眾多學生之中最聰明的，而且他也相當熱愛學習。他的家境非常貧窮，要是不去工作，就要餓肚子度日，儘管如此，顏回也沒有放棄求知，他總是在白天工作，晚上則拖著疲憊的身軀在月光下讀書。

曾經有人問我「在眾多學生之中，誰的表現最突出呢？」我毫不遲疑地回答是顏回。

以前，我曾在陳國與蔡國邊境過著貧苦生活，那時我們一行人足足餓了一週都沒有食物吃，顏回為了安撫我，四處奔波求取食物，這當然不是一件容易的事情。

之後的某一天，顏回終於帶回了一些稻米。

「我現在馬上就去煮飯給您吃！」

顏回抱著米，飛快地往廚房裡走去。

我上完廁所，經過廚房邊時，正好看到顏回在煮飯的樣子。

「咦？怎麼會……」

在那當下，我感到既驚訝又失望。那時我看到顏回

孔子

打開鍋蓋，用湯匙舀了一口飯吃，我一直認為顏回應該深知呈給長輩的食物，後輩不該先舀去吃的道理，他的行為著實讓我失望透頂。

在顏回端著菜餚到我房裡時，我這麼對他說：

「我剛才夢見了祖先，我想這些乾淨沒食用過的米飯先拿來祭拜祖先吧！」

顏回聽聞，神色驚慌地連忙說道：

「不可以，剛才因為米飯染上了灰塵，我想不能讓老師吃到不乾淨的米飯，但畢竟是可以吃的食物不好浪費，便取出弄髒的飯吃掉了。這飯我已經吃過了，不能拿來祭拜祖先。」

聽了他的話以後，我簡直羞愧地說不出話來，我對於自己居然懷疑如此恭敬待我的顏回而感到羞恥不已。

我在周遊列國的同時，也得到了許多領悟。有一回，當我和學生們走在山路上。

「嗚嗚嗚……」

不知從哪兒傳來一陣女人的哭聲，我轉過頭不停張望，想找出聲音是從哪裡傳來，結果讓我看到一名女子

 孔子

29

正坐在墳墓前哭泣，於是我的學生子路便上前詢問。

「您為何哭得如此傷心？」

聽到子路的詢問，婦人開口答道：

「這裡是個恐怖的地方。很久以前，我的公公在這裡被老虎咬死了，不久前，我的丈夫也被老虎咬死了，結果這次換我的兒子也難逃虎口，你說怎能叫我不傷心呢？」

「那麼您為什麼不搬去別的地方住呢？」

子路一臉困惑，那名婦人則這麼回答：

「因為這裡不用繳交高額的稅金，也沒有苛刻的法律。」

我和學生們久久無法忘記那名婦人哭泣的樣子，心裡決定要是旅行到了暴君管轄的國家並決心進諫時，一定要將今日所見一併稟告。

此外，還曾有過這麼一件事。

一樣是發生在我和學生們周遊列國的時候，遠方有一位老婆婆發現了我，並跑到我身邊來，給了我一碗大麥粥。

30

「這是什麼？」

「先生您為了幫助眾人，費了這麼多心力，這碗大麥粥只是我一點微薄的心意，請您吃了以後再啟程吧！」

我鄭重地向那位老婆婆道謝以後，開心地吃完那碗大麥粥，嘴裡盡是好滋味。

重新啟程之際，學生這麼問我：

「那不過是碗便宜食物，為什麼要如此鄭重地道謝呢？」

「因為那表示尊重。你們千萬不要忘記，真正重要的東西並不是眼前所見，而是那看不到的內心。」

聽完我的解釋以後，學生們都點頭表示理解。

孔子之仁

孔子認為人類必須具有四種思想，分別是「仁」：仁慈、「義」：正道、「禮」：禮儀、「智」：智慧。其中，他最重視的則是強調為君子德目的「仁」，孔子認為「仁」不只是道德規範，同時也是恢復社會秩序的決定性政治思想。

孔子

不同的哲學家故事 ③

孟子

B.C. 372 ~ B.C. 289

在混亂的中國春秋戰國時代，主張以道德治國，並建立王道政治的孟子，因為自幼以淘氣出名，他的母親總是為此感到擔憂。

某日，孟子一家遷居到墳墓附近，結果孟子和小朋友們玩耍時，總是「唉呀，唉呀」地模仿喪禮過程中的哭喊聲。

看到這一景象的孟母，立刻打包家當，帶著孟子搬家到附近有許多學校的僻靜之處。在那個村子裡，總是隱隱傳來孩子們的讀書聲，於是孟子也開始學習其他孩子讀起書來。

為了孟子的教育而輾轉遷居數次之故事，被後人稱為「孟母三遷」。

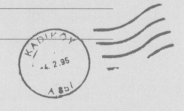

哲學就在自然裡
老子

B.C. 604 ~ B.C. 531

你們有聽說過我的名字嗎？我叫做老子，也就是你們常提到的道家哲學創始人。

我是周國人，在名為「藏書室」的圖書館裡擔任管理員，我的工作是管理館藏圖書，只要我一有空，便徜徉書海當中。

在圖書館的這份工作，幫助我能進行更加深層的思考，也有利於發展我的哲學脈絡，並讓我建立起從大自然中尋找人類存在的道家哲學基礎，只不過我在藏書室的工作並未維持很久。

周國雖然是個強大的國家，但卻苛刻百姓，不消多

久時間，國本就開始有所動搖。每一任的皇帝都只想成為王權強大的帝王，卻沒有任何一位願意傾聽弱勢百姓的心聲。

最後我只好離開周國。

那時有位對道家相當關注、名叫尹喜的人，聽到我離開周國的消息之後，便向我提出了一個請求：

「我有一個請求，想要拜託先生您。」

「什麼請求？如果是我能力所及一定幫你完成。」

「我希望您能留下訓誡和教導，可以為我留下文章嗎？」

我答應了之後，便留下五千多字的書給他。如今被人稱為《道德經》的書籍，就是當初我留給尹喜的書。

那麼，現在來談談道家吧？

所謂的道家，就是人類該行的自然之道。

就像水往低處流那樣，君主之德也該上行下效。

時間流逝，季節也會變換，每個人都應該做出符合自己年紀的行為舉止，而我們所擁有的東西也該出自於大自然，這就是道教的基本思想。

老子

　　我認為人類與自然共存是最好的生活方式，並主張人們也要重視自然。

　　在我離開周國以後，就隱遁山林。你們有聽過「自然無為」這句話嗎？

　　所謂的自然無為是拋棄心中欲望，跟隨正道來生活，就能實現自我。我認為只要我們和自然合而為一，就可以達到道家所追求的最高狀態。

　　我的思想主張正好與孔子的儒家相反。儒家講求以人為中心，但我認為自然應優先於人，我們的生活必須講求順其自然。

　　我也認為人類所講究的禮儀太死板也太造作，因此我主張反禮。

　　但這樣的主張卻不被認同，君王或是支配各階層的諸侯不接受我的思想。結果那些講禮又抑制人權的各種政治思想反而引發戰爭，諸侯們為了占領中國土地，犧牲了無數百姓的生命。

　　直到現在，我的心裡仍為此感到遺憾。

　　研究我思想哲學的後人是如此評價我的：

老子

「老子的人生哲學有很多是值得我們學習的，他在當時就已經了解自然的可貴，而且向世人宣傳理念的同時也不忘身體力行，不只如此，他還主張欲得天下並非發起戰爭、以百姓的血淚去建國，而是要得民心才能打造出強盛的國家。如今這世道不正符合老子所言嗎？」

雖然有很多人認同，但也不少人否定我的理念。

「老子不過就是個膽小的失敗者罷了，他說的改變自我到底又改變了什麼？」

「不去動手改變社會的錯誤，只是自己在腦袋裡想想並離群索居，這難道是哲學家該有的態度嗎？老實說，道家根本無法建國，也無能改變這世界嘛！」

「人類是社會性動物，所謂的回歸自然到底是在胡說什麼……他的理論真叫人無言。」

反對我理念的人，大致上不外乎這兩種持論。

你們認為哪一派的人說的才是對的呢？我認為這兩種說法都對，但也都不對，因為我自己很清楚所謂的道家本身並不適合用來建立與管理強大的國家。

身為一個哲學家，我並未多插手干涉政治。事實上，打從一開始道家就不近政事，更何況我一直認為自

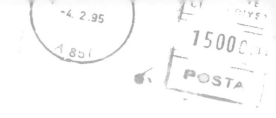

己本來就不具有干預政治的能力。

　　之後，道家以《道德經》為本，獲得更大的發展，還有位名為莊子的人，把政治思想融入道家哲學裡，結果更促使之後的唐朝以道家思想治國，同時並提供許多空間讓百姓學習道家思想。

　　簡言之，我的哲學就是人類的精神與生活與自然並存。雖然不知道我的想法有多接近你們想學習的哲學思想，但重要的不是哲學的種類，而是你們想要學習多少東西，也就是學習的深度。

老子的自然無為

老子的自然無為思想核心指的是未經人為造作或加工，並保留「自然」的本質與模樣，與儒家追求的有為意識相比，道家的哲學則被稱作無為思想。不只如此，道家還主張「無為而治」。

老子

不同的哲學家故事 ④

元曉

617 ~ 686

元曉為了習得更高深的佛學知識，便與義湘大師一同前往唐朝求法。途中，他們在一個伸手不見五指的漆黑洞穴裡過夜歇息。

等到天一亮，元曉突然驚嚇地發出悲鳴，原來裝水的水瓢竟是一顆頭骨。元曉不禁覺得噁心，急忙衝出洞穴嘔吐了起來，但此時他突然想到：

「等等，不管是水瓢裝的水，還是骸骨裝的水，裡頭的水一樣是水，問題是出在我內心的想法。」

於是元曉改變心意，放棄到唐朝留學，原路折返回新羅。之後他提到「世上萬物皆由心憑空創造出來」，也就是「一切唯心造」，道破人世萬物道理，並奉獻自己的一生致力於傳承佛教。

成為尋找真正幸福的人
第歐根尼

B.C. 412 ~ B.C. 323

你們知道犬儒學派嗎？我出生於古希臘，當時希臘有許多哲學派系，也有許多哲學家居住其中，若說希臘的全盛期就是哲學的全盛期也不為過。

而我就是居住在該時期希臘境內的第歐根尼，也是發揚犬儒學派的代表人物。

犬儒學派主張「不受這世上任何外在因素的束縛，自由自在地生活就是最棒的幸福」。

我認為唯有從自己的家庭、家族等束縛中解脫，才能得到真正的快樂，並以此為目標而努力。我甚至還認為我們不需要房子，只要有個能防寒避熱的小桶子，就

足以生活其中，人們認為脫離飲食或睡眠等出自於欲望行為的我們是禁慾者。

　　某一天，我遇到了馬其頓王國的亞歷山大大帝，當時正是馬其頓王國與波斯大戰之前。

　　那天天氣很好，我在路邊放了一個桶子，開心地靠著桶子席地而坐，享受美好的日光浴。

　　「請您一定要平安歸來。」

　　「願神經常在您身旁保祐您。」

　　人們祝福亞歷山大大帝出兵順利，並祝願他平安歸來。當時全國各地有許多人趕來看他出兵，每個人都為他獻上祝福。

　　「這場戰爭究竟是為了誰而戰？這些人們現在是為他去殺人而獻上祝福，他們腦子到底有沒有問題？」

　　我在心裡嘀咕著。我這個人對戰爭與政治毫不關心，這也是我們犬儒學派和其他哲學家不同之處。

　　亞歷山大大帝是知名哲學家亞里斯多德的學生，因此對哲學多有關注，沒想到這樣的亞歷山大大帝竟朝我走來。

 第歐根尼

　　我沒有從桶子上起身，只是挺起上半身來，並盯著亞歷山大大帝瞧。

　　「我是亞歷山大，是亞里斯多德的學生，現在是馬其頓王國的主君。」

　　「所以呢？」

　　我反問他。結果旁邊的人們卻一副是我做錯事的表情，七嘴八舌了起來，不過我並不為意，仍舊盯著亞歷山大大帝看。

　　「有什麼是我可以幫你的嗎？」

　　但是我毫不遲疑地回應他：

　　「幫我？當然有呀，拜託你讓開好嗎？我正在做日光浴呢，結果你把陽光都給遮住了！」

　　他聽到我的話以後，慌張地趕快往旁邊站，我才得以繼續愉悅地享受日光浴。

　　亞歷山大大帝在旁看了我好一會兒，便和臣子們一同離開。

　　據說亞歷山大大帝在那之後仍經常提及這件事：

　　「雖然我不知道大家是怎麼想的，但我若不是亞歷山大的話，我願是第歐根尼。」

 第歐根尼

後來有個人來找我，是一位在雅典研究哲學的知名哲學家。

他對犬儒學派的思想很感興趣，並向我表示想要學習我的哲學。

「請您推薦我和學派相關的書籍。」

於是我這麼回答他：

「我們犬儒學派不寫書。」

「那麼有什麼可供參考的書籍嗎？」

「沒有。」

結果他調侃我：

「我聽說你在哲學界很有名，結果你卻沒有半本著作，到底要怎樣才能不寫書又可以聞名天下呢？你該不會是其實早就有著作，只是不想告訴我而已吧？」

我撿起掉在身旁的無花果，一邊把玩著那顆無花果，一邊反問他：

「你說這是什麼？」

「不就是顆無花果嗎？」

「那你比較喜歡真的無花果，還是畫裡的無花果？我比較喜歡可以拿來吃、又摸得到的無花果呢！」

他彷彿聽懂我話裡的意思，閉上嘴說不出話來。

不管讀再多書，終究沒什麼能比得上身體力行，所以也才會有這麼一句話：

「百言不如一行。」

所謂的哲學，並不是做給別人看的，而是為了讓自己幸福而去實踐的思想，因此我們絕不能以哲學之名強出頭，或利用哲學掌控人們，至少我是這麼想的。這種想法是我在漫漫人生中，用以體現哲學時所維持的一種信念。

> **犬儒學派　第歐根尼**
>
> 第歐根尼是犬儒學派最具代表性的哲學家，畢生追求單純與簡樸的生活，不受任何權力或世俗之事的束縛。他自稱是世界公民，並周遊各地傳播他的理念。此學派的生活方式為日後的斯多葛學派帶來很大的影響。

 第歐根尼

不同的哲學家故事 ⑤

馬可·

奧里略

121～180

蘇格拉底的學生——柏拉圖主張賢人政治，所謂的賢人政治就是憑藉具有高度智慧的哲學家來治理國家的政治方式，柏拉圖認為只要帝王精通哲學，就能帶領百姓往正確的方向前進。

不過有一位皇帝是真正的哲學家，那就是羅馬五賢帝之一的奧里略大帝。

奧里略大帝隸屬斯多葛學派，其思想與行動皆跟隨斯多葛學派而為。斯多葛學派主張人必須依照自然而生活，並遠離肉體之快樂，講求道德並禁慾。雖然奧里略大帝身為一國之君，不免參加過大大小小的戰役，但他仍維持著哲學家的生活，每日必寫《沉思錄》，以沉靜身心靈。

哲學思想建構人類生活
莊子

B.C. 369 ~ B.C. 286

在我開始自我介紹之前，我想先跟你們講講我夢到一個神奇的夢。某一天，我不小心睡著了，結果感覺自己身體彷彿也變輕了。

「喔？奇怪，我的身體居然飄浮在空中，這是怎麼一回事？」

我甚至老練地拍打身上的翅膀，並隨著花香往那片又高又藍的天空飛去。撲鼻而來的甜蜜花香，讓我自在地揮舞著翅膀。

「嗯，來採個蜜好了。讓我跟著香氣，找出世上最甜的花蜜。」

我興高采烈地在花草間飛舞，不自覺地竟忘記自己原本是人類。

　　「老師！老師！」

　　當我飛舞了好一會兒，暫時停下來休息時，突然有一陣聲音傳來。就在那一瞬間！

　　「老師，您是作了什麼夢那麼開心？怎麼叫都叫不醒呢！」

　　我睜開眼睛，發現自己在一間又小又破的房間裡，在我旁邊嘮叨的是我的學生。

　　我呆呆地看著自己的雙手，我的身上並不是蝴蝶的翅膀和腳，而是一般人類的四肢。

　　「我不知道究竟我夢到的是蝴蝶變成我，還是我變成蝴蝶。」

　　後人稱這故事為莊周夢蝶，指的是莊子不知道自己究竟是夢到自己變成蝴蝶，還是蝴蝶變成自己。

　　沒錯，我就是莊子。

　　中國有一段時期曾出現許多具偉大思想的學者，因此那段時期被人稱為諸子百家，而我則是在該時期主張

人們應該要過著「不受任何事物束縛的自由生活」的學者。

可是每一年都有學生懷疑我的教誨。

「老師，您的教導很有見地，可是在現實生活中有什麼用處嗎？像現在這麼辛苦的時代，不是更應該教導百姓為人應遵守的道理嗎？老師您所要傳達的理念好像不符合現實的需求。」

於是我這麼回答他：

「我不知道你所謂的有用和沒用基準為何。」

接著我用手指著學生所站位置。

「現在你所需要的是腳下所站之範圍的土地，除此之外，其他土地都不是你現在所需要。不過，要是你所站之處以外的土地全都消失不見的話，你又該如何繼續站在那裡呢？所以真正需要的不是承載住你的，而是現在並不立刻需要的東西。」

學生聽了我的說明之後，臉脹紅了起來，再也說不出任何一句話。

另一個故事則發生在我妻子去世時，那時我的朋友

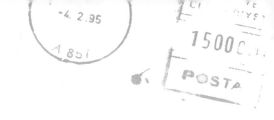

前來慰問我。

朋友認為我肯定是傷心欲絕，然而在他進我家門之際，便露出僵硬的表情。

「什麼？你！！」

那是因為他進門時，我正坐在涼蓆上敲著盆子唱歌之故。

朋友趕緊叫我起來，並入門訓斥了我一番。

「跟了你一輩子的妻子才剛過世，你怎麼能做出這種行為來！難道你對妻子的死一點都不感到難過嗎？」

我面不改色地看著朋友，並這麼回答他：

「我的妻子死了，我怎麼可能會不難過！可是你想一想，道家的訓示不是告訴我們具有形體的生命就是氣的聚合，而失去形體並死亡就代表氣已散盡嗎？我們以這個皮囊之相活在世間，到失去形體並消逝而終，不正和四季變換是一樣的道理？我若在這裡哭哭啼啼，就跟不懂大自然的道理沒什麼不同，所以我決定不再為妻子的死而傷心。」

我跟隨著老子的道家之路而行，但也同時教導學生不同的道理，其中一項就是「宿命」。

人的生死好比四季，就像每當季節轉換，隨即迎來新春一般，人類的死亡就是重返自然界，等待日後誕生全新的生命。因此，我告訴學生們我不懼怕死亡，而是要接受自然法則的運作。

　　就像等到下一個季節來臨時，今秋的果實無法放到新春到來那樣，我們期盼能有位明君，不會短淺地只重視眼前的財富與權力，而是將目光放遠，並且能仔細聆聽百姓的心聲。

　　我們心裡所想的理念，必須要融入我們自己的生活方式。而活出思想就必須要仔細思考所有事情並加以實踐。實踐並相信自己的思想，就是所謂的哲學。

　　所有事情都會因為我們的想法而有所改變。假如我們經歷了痛苦的事情，那麼我們就要把那視為人生中必會經歷的一個過程，並設法享受其中、戰勝痛苦。不管什麼事情，視我們心胸開放與接受之程度，可以是一件讓人傷心的事情，也可能是一件讓人快樂的事情。

　　人類作為自然界的一個生命體，其生死都依循自然法則，若能敞開心胸去接受這個道理，就能過得更加幸

 莊子

福快樂。我的衣著襤褸，所謂的鞋子也不過是幾條草繩綁腿的程度，還住在破爛的房子裡，但我一點也不覺得羞愧或難過，因為我的心靈富足，再無其他渴求。

莊子的安命無為

莊子視道為天地萬物之根源，所謂的道並非勉力造作而來，而是透過自己的行為本身來認定，所以莊子不喜歡人為造作的事物，他認為這就跟看鴨子腿短就想把牠的腿拉長，或看鶴的腿長就想把牠的腿截短一樣，反而只會招來災殃。

不同的哲學家故事 6

釋迦牟尼

B.C. 566? ~ B.C. 486?

佛教裡人稱佛祖的喬達摩・悉達多，又有一個別號為釋迦牟尼。釋迦牟尼是喜馬拉雅山腳下一個小國的王子，由於看了許多患病呻吟的百姓，以及離城等待死亡的老者，深感人間生老病死之苦惱，於是捨棄王子的身分，踏上修行之路。

最後釋迦牟尼終於體悟到人類因為自身的欲望以及不良的心性，才會招致不斷的苦痛。

於是他開始向無數弟子講述自己所領悟到的真理，眾多弟子們則稱其真理為四聖諦（苦、集、滅、道）。

母親就是我最棒的老師
李栗谷

1536～1584

從前朝鮮的鄰國倭國，也就是現今的日本，經常在海域上劫持朝鮮的船隊，所幸當時未能對朝鮮船隊構成太大的威脅。

朝鮮學者們總是看不起倭國，認為他們只不過是未開化的國家。

可是不知曾幾何時，倭國人民逐漸統合起來，於是我向國王提出建言：

「殿下，雖然現在倭國只是個小國，但若他們國內勢力整合完畢的話，肯定會對朝鮮造成很大的威脅。朝鮮作為通往巨大陸國中國的必經之道，同時又保有豐饒

的農作物收穫，但海軍規模甚小，而且維護國家安全的軍隊規模也不大，我認為現在開始該培養具十萬名士兵的軍隊，以防止倭國的侵略。」

但朝臣們皆反對我的意見：

「未開化的倭國怎麼敢小看我們朝鮮？你是不是太杞人憂天了！」

由於眾多大臣群起反對，最後殿下也沒有聽進我的建言。

雖然我多次上諫，但始終徒勞無功。

然而就在那之後過不了多久，就發生了「壬辰倭亂」，沒有認真培養軍隊的朝鮮被倭國一擊而潰，陷入莫大危機之中。

因為朝廷無視我的意見，結果導致許多百姓因此遭受痛苦。

唉呀，話說多了，都忘了還沒自我介紹呢！我是當時主張組織十萬名士兵規模軍隊的李栗谷，也有人稱我為栗谷李珥。

由我自己來稱讚自己有點不好意思，但我可是連明

 李栗谷

朝政治家黃洪憲與王敬民都尊稱一聲「老師」的朝鮮時代著名儒學家。

當初是我將中國儒學改良成適合朝鮮的實踐儒學，而我直到現在都仍感到自豪。

我能累積這些功績，並非是我高人一等，而是都要歸功於養育我的母親。

我想可能有些人已經知道我的母親是誰，沒錯，我的母親就是申師任堂，她是朝鮮時代著名的書畫家。母親指引了我成為正直政治家之路，又教會我讀書學習的方法。

若要講我的故事，那麼就不得不提我的母親。

母親總是這麼跟我說：

「在我懷上你這胎時，我夢到一條黑龍從海裡竄出，並飛到我們家裡來，我覺得那條龍能為我們國家做出莫大功績。可是你要記住，雖然龍高高在上地看著我們，但絕不蔑視人類，你也要像龍一樣站在高處眺望天下，但絕對不可以輕視那些實力比不上你的人。」

母親教導我對待家中僕人時，也要隨時以禮相待，並告誡我有威嚴的士大夫在下完命令之後，絕對不會只

是擺高姿態藐視下屬。母親的教誨讓我往後懂得儉樸度日，更讓我堂堂走上從政之路，未曾蒙羞。

由於母親學識淵博，當別的小孩聽著搖籃曲進入夢鄉時，我則是有我國及中國的各種故事陪伴入眠，我一直認為那為我往後的發展奠下了重要的基礎。

我在十三歲時便已科舉及第，那時的科舉若用現代的方式來解釋的話，可說是一種要成為政治人物的必經考試。

不過因為我認為並非只有科舉才是做學問之途，所以就拒絕了入閣當官。我希望能找尋比科舉更有意義的事情，而母親也支持我的決定。

「真正的學問是能夠讓自己成為帶領他人前進的先驅者，而且學問絕非為了無視或看不起人而存在的知識。」

雖然母親支持我，但卻也不能一輩子長伴我身邊。在我十五歲時，我最敬愛的母親便辭世，當時正是我為了增廣見聞，與哥哥離家學習之時，更讓我難過的是，當我們趕抵我家附近的西江渡口時，母親還來不及等到我們返回家門便駕鶴西歸。沒能見到母親最後一面，一

李栗谷

直讓我耿耿於懷，直到我死之前都為此掛心。

母親過世後，我守在母親墳前，度過了三年空虛的時光。那段時間裡，生或死對我來說都沒有任何意義。

「母親大人，我這不孝子這才明白您對我有多麼重要。」

於是我走訪附近的各大廟宇，其他時間則埋首書堆，用以填補失去母親的哀傷，結果我在佛經裡讀到不少人生真理，因此一度沉迷佛教教義之中。

最後我隱遁到金剛山學禪一年，赫然覺悟到禪學對我也沒有任何助益。

「待在這裡也是浪費時光，那麼我到底該做些什麼才好？」

為此，我相當苦惱。那時我腦子裡浮現出一個念頭，就是母親大人經常告訴我的話。

母親告訴過我，當她懷著我時，曾夢到黑龍飛入家裡，因此他堅信我一定能成為有用的人，也就是為黎民百姓貢獻心力。

於是我離開金剛山，回到家鄉並再次準備挑戰科舉考試。

 李栗谷

「首先，要心懷大志，第二則是定下心神，並與人和諧相處，把該做的事情作為優先目標。此外，任何事情都要全力以赴，不對的事情絕對不可去做，心態也要正確，凡事都不能粗心大意，也不可操之過急。」

　　我將母親的教誨放在心頭，並督促自己加緊學習。

　　我將傳授儒學精神給百姓視為首要之務，並在四十歲那年大量發布我的著作《聖學輯要》。在完成《聖學輯要》這本著作之後，我緊接著又完成《擊蒙要訣》與《學教模範》等書，書裡講述的重點則是為人必須保持自信，面對種種挑戰。

李栗谷的主氣論

主氣論簡單來說，就是宇宙萬物之原理由肉眼看不到的「理」和肉眼可看到的具體存在之「氣」所構成，且「氣」優先於「理」。舉例來說，熱鍋上的蒸氣之所以變燙是自然法則之真理所致，只有去觸摸熱鍋的人才會知道其溫度高熱。

不同的哲學家故事 ⑦

李滉

B.C. 1501 ~ B.C. 1570

比李珥還早三十多年出生的李滉，從小就以乖巧有禮貌聞名。由於李滉腦袋聰明，很早就通過科舉考試，但他對人人稱羨的官位卻沒多大興趣，反而喜歡與大自然為友，並埋首書海、鑽研學問。

李滉與李珥不同，他主張主理論。主理論與主氣論相反，比起事物的實體，更重視肉眼無法看見萬物中的道理，是以為性理學為基礎的理論。

儘管如此，當李滉與和自己持相反理論的李珥相遇時，彼此仍然多有溝通交流，而且李滉還給了李珥相當高的評價。

另外在李滉約五十歲時，發展並完善了朝鮮的「陶山書院」，致力培養後進。

65

讓想像變成真實
泰勒斯

B.C. 624 ~ B.C. 546

　　你們知道哲學這個詞是從什麼時候開始出現的嗎？當我還在世時，「哲學」這個說法尚未存在，眾多學者做學問也不分專界，全盤學習，所以像亞里斯多德等學者被人稱為哲學家之外，也會被稱作科學家或數學家。不過在我那個時期，哲學並未被獨立分出來成為一門專門的學問。

　　但我想告訴大家，被稱作西方科學及哲學之祖的人就是我，泰勒斯。

　　其實原本我專攻的是天文學，能夠看出星球的運轉以及季節的變換，並以該資料為基礎來算出全新的未

來。但是最初我宣言要觀測星象時，卻被眾人嘲笑。

「你怎會認為星球的運轉會影響人類的生活呢？你這個人還真奇怪！」

「反正這世上總會有一兩個怪胎，等他自己搞累了，就玩完了不是嗎？」

「泰勒斯這個人，說穿了只是想要引人注目吧！」

人們都認為我很快就會厭煩，而且馬上就會放棄。

可是當我看到他們的反應，反而因此產生了一股不服輸的傲氣。

「你們是嘲笑不了我多久的。就算現在星球運轉不會立刻對我們的行動產生影響，可是每天仰望的天空有所變化時，人心也會隨之改變，這麼一來，世界也會有所變化，現在姑且讓你們繼續嘲笑，但將來你們肯定笑不出來的！」

這下我反而更加認真鑽研占星術了。

那段期間我經常一邊走路，一邊觀察天空，透過天空中的星象推移，來預測每晚返家人們所看到的天空星象又是如何。

不過老是這樣看著天空走路，有時也會發生一些讓

泰勒斯

人哭笑不得的事情。像是有一次在太陽下山之際，就發生了這麼一件事：

「咦？那顆星星？」

我正走在路上，突然看到流星劃過天邊：

「這一定是有什麼事情要發生的徵兆！」

我往流星落下的方向看去，並陷入思考。總覺得好像有什麼躲在五里霧中，但我卻一直想不出來那究竟是什麼。

而正當我一如往常地邊走邊仰望天空時。

「唉呀！」

我叫出聲來，並往前跌了一大跤。原來是我沒注意到腳邊有塊石頭，大步地繼續往前走，結果被石頭絆住腳，跌了個狗吃屎。

我顧不著衣服上沾滿了泥土，趕緊拍拍我的衣服並試圖站起身來，只聽到周圍傳來陣陣竊笑聲。

「連腳邊的石頭都沒注意，又不是小孩子！」

「就是說嘛，連腳邊石頭都看不到的傢伙，還敢誇下海口說要觀測星象呢！學者們都是些腦袋有問題的人吧！」

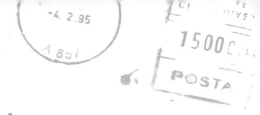

　　圍觀群眾都在嘲笑我跌倒這件事。

　　直到後來，在某一天，我看著天空的星象並發現了
一件事：

　　「明年白天的時間會比平常還要長，星象也會趨於
安穩，種植橄欖的農家將會大豐收。」

　　這是因為剛好在前一個年度，發生了橄欖歉收的現
象，許多榨油廠的主人只好低價賤賣出榨油機，而我則
是湊足了錢，以相當低的價格收購了所有的榨油機。

　　「你買這麼多榨油機要做什麼？難道是想散盡家財
嗎？你是不是瘋了？」

　　人們都嘲笑我，還說我這樣的行為像個笨蛋，但我
堅信明年一定會有好事發生。

　　當然，根本沒有幾個人相信我所說的話。

　　很快地，下一個年度隨即到來。

　　該年度的降雨量與日照量都很適當，許多種植橄欖
的農夫們都因為橄欖的豐收而興高采烈，而前一年因為
歉收而導致上漲的橄欖售價也終於回跌到正常水準，市
場終於能夠再度以穩定的價格進行交易。

泰勒斯

「唉呀，可以榨油的機器在哪裡？」

無論是買橄欖的人，還是賣橄欖的商人們都開始尋找榨油的地方，可是到處都是關起門來的榨油廠，還有一堆人早就把店和器材賣掉並轉換跑道，榨油機為數甚少的窘境可是讓大家急得跳腳。

那時，我則低價將榨油機出租給別人。

「可以拜託你把榨油機租給我嗎？只要你開口，價格一切都好談。」

很快地，來向我租榨油機的人絡繹不絕，當初把榨油機賣給我的人也哭喪著臉，而我每天則是開心地坐等生意上門。

最後我就靠著出租榨油機賺進大把鈔票，還將這筆錢拿來做我的學術研究經費。

一直到了那時候，人們才終於認可天象的推移會對人們、動植物，以及生活在這片土地上的所有生物造成影響。

我想，大概就是那個時期起，人們才開始重視占星術，也就是天象推移。

泰勒斯

人們總是在不知不覺之間，受到離我們身邊最近事物的影響，不管我們是否曾去思考探究，結果總是不自主地遵從其走向，若真要論其理由，只能說是宇宙力量牽引著地球。

　　我把周圍的環境，以及天象推移對人類之活動所造成的影響，都當作是我所研究之哲學的基礎。

　　所謂的哲學，就是從觀察生活周遭的各種小細節所得來。

水之哲學家　泰勒斯

被稱作是希臘第一位哲學家的泰勒斯，認為萬物根源為「水」，這是因為水為生命所需之物體，同時又能貫穿萬物。另外，「直徑能將圓一分為二」、「等邊三角形的兩底角大小相同」、「兩條直線交叉時，兩對角大小相同」等定理，也是泰勒斯所發現的理論。

不同的哲學家故事 ⑧

阿那克西曼德

B.C. 610 ~ B.C. 546

阿那克西曼德除了是泰勒斯的學生，也是其學派的繼承人。他以泰勒斯的航海術為基礎，率先製作出地圖，更利用影子的變化來發明測量時間的方法，除此之外，他還研究地震、日蝕等現象。

阿那克西曼德的老師泰勒斯認為萬物根源是「水」，而他本人則認為萬物根源是「無限者」。所謂的「無限者」，指的是形態並不明確，無法得知其始終，宛如神一般的存在。

阿那克西曼德認為人類看不到也摸不到的「無限者」產生出宇宙，也產生出人類以及人類居住的地球。

始於懷疑與反論的哲學
叔本華

1788～1860

大家好，我是德國的哲學家，名叫叔本華。

雖然要跟你們講解哲學有點難⋯⋯嗯，以前有個人曾這麼說過：

「哲學家就是只會動嘴的毒舌家，他們總是觀察別人的行動，熱衷於找出別人的缺點，但對他人的優點則看不進眼裡，完全是個利己主義者。這世上最不必要的學問就是哲學了！」

當然，這話並非完全錯誤，但就算如此，哲學絕不是不必要的學問。所謂哲學，是對某事物持續懷疑，並從中找出屬於自己的生活方式，然後傳達給眾人知曉。

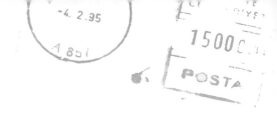

聽起來好像有點難，是嗎？

也許你們也曾這麼想吧：

「哲學家就是多疑，那這樣我們班上的某某人以後也可以當哲學家了。」

我說的對嗎？

可是，這樣的想法是錯的。哲學必須要經常抱持著懷疑心，並從中獲得結論，也就是要有能夠將心中疑問引導出結果，並導向成為哲學這門學問的力量。單單只有懷疑，是和哲學無任何關係的。

讓我跟你們講講我的故事吧。

當我開始懂得對事物抱持懷疑時，我總是好奇周圍人們的行動，並試圖去找出結果。

最後我甚至開始懷疑起自己的記憶力，所以我經常在書本裡夾入鈔票以測試我自己。

我用希伯來語及阿拉伯語將夾入鈔票的書本名稱與頁數記在筆記本上，並把筆記本放入抽屜裡，幾乎天天都用來測試自己的記憶力。

我在測試記憶力的同時，除了懷疑自己，也持續努力找出我的哲學理論中是否有任何缺點，或是我思考錯

誤的地方。

不過我是個很討厭輸的人。

我有一度認為自己是個很了不起、是這世上最傑出的人，因為我向來只要付出努力便能得到收穫以及眾人的掌聲。不過，後來發生了某件事，我才發現自己並沒有想像中的厲害。

你們知道黑格爾這個人嗎？黑格爾在當時是一位專門研究現代人精神與理論之哲學的人物，許多學生絡繹不絕地前去他任教的大學，為的就是旁聽他講課，這也導致了其他教授都很討厭把課程排在和黑格爾講課一樣的時間。

「既然那天黑格爾都要講課了，那麼請不要把我的課程排在同一個時間。」

教授們紛紛向學校提出要求，結果在黑格爾講課的時段裡，沒有其他教授講課。

但我可不一樣，我一點也不認為自己的課程會輸給黑格爾。

「我偏要跟黑格爾同一個時間講課！」

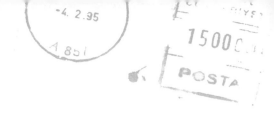

可是每個人卻反過來譏笑我。

只是原本如此自信滿滿的我,看到空無一人的教室,心中受到了相當大的衝擊。學生們都跑去聽黑格爾的課,而我的教室則是連隻螞蟻都沒有。

我只能黯然轉身離開教室。

在那之後我更加認真研究哲學,也體認到自己並不是這世上最傑出的人。

所以我更加努力做學問,說那是我重展哲學家之路的時期也不為過。

我想,也許我該感謝黑格爾,因為他的存在,我才有機會轉變並和你們分享這個故事。

要是有人問我哲學是什麼?該如何學習哲學?我會這樣回答他:

「哲學就是不間斷的懷疑,也是不間斷的挑戰,這些都是完成哲學的力量。」

而我也為了活出這樣的人生,持續不停地努力。雖然在其他人眼裡,我看起來可能像是個多疑的傢伙,但這是我為自己定下的人生法則,所以我才能不在意別人的眼光,持續努力不懈。

我自認在哲學上的對手是黑格爾，對黑格爾的學術理論也沒少批判過，那時有個追隨黑格爾的人曾對我這麼說：

「我實在很好奇，像你這麼多疑又膽小的人，到底哪來的勇氣去批判黑格爾呢？」

就像那個人說的，我確實很多疑，大概就是因為這樣，看起來就像個膽小鬼，可是就像我一開始說過的，所謂的哲學不就是持續地懷疑，然後在經過邏輯思考之後，找出正確答案嗎？

「黑格爾的意見分明就有錯誤！」

當我說出這番話時，把大家嚇了一大跳。在當時，黑格爾被眾人視為天才，敢對黑格爾之意見提出相反看法的人，我可是第一個。

每當黑格爾發表新論文時，我便會通宵細讀他的論文，並找出我和他之間不同的意見，或是我無法理解的部分，然後對外進行發表。

「黑格爾所言過於理性，對許多並不這麼理性的人來說，那些理論都是無法讓人接受的東西。所謂的哲學，必須要以廣大群眾為對象，黑格爾的思想世界實在

 叔本華

太狹隘，而強要民眾接受他那狹隘世界，就是出自於他的傲慢所造成的錯誤。」

話雖如此，我倒不是全盤反對黑格爾的思想，我只是相信我的行為能夠讓我的哲學理論比黑格爾的更具邏輯、更具深度。就像我遭受眾人批判時，就更努力加強我的理論深度那樣，我期望黑格爾也可以和我一樣。

「叔本華只會挑別人論文的小毛病。」

「叔本華除了毒舌批評別人，一點料也沒有。」

「其實他根本只是嫉妒黑格爾的才華而已吧？」

每個人都批評我，除了批判我的論文和哲學，也針對我個人進行攻擊，但我依舊堅持我的想法，直到我去世之前，我仍然持續對黑格爾的理論進行批判。

厭世思想的代表者　叔本華

一直認為這世界無趣又惱人的叔本華，是厭世思想的代表者。厭世思想受柏拉圖的理型論與印度吠陀哲學之影響，成為厭世主義之基礎，根據厭世主義之理論，人生由無止盡的欲望所支配，因此只會不停遭受痛苦。

不同的哲學家故事 ⑨

弗里德里希·尼采

1844 ~ 1900

尼采於 1844 年 10 月 15 日出生於德國薩克森州一個名叫呂肯的小鎮。

尼采自幼年時期，就能寫出同齡小朋友都看不懂的高深文章，眾人為之驚豔。他在大學裡致力研究哲學，其後獲得指導教授的賞識，得以前往巴塞爾大學擔任教職。

尼采雖受到叔本華的影響，但發展出和叔本華不同的悲觀主義的見解。

他第一本發表的著作為《悲劇的誕生》，另外還有《查拉圖斯特拉如是說》等著作。

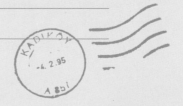

對哲學家來說，時間就是金錢
伊曼努爾·康德

1724 ~ 1804

不管是哪位哲學家，都會有自己有趣的習慣。只要一講起這種個人習慣的小故事，你們應該都會睜大眼睛問：

「康德叔叔您也有奇怪的習慣嗎？」

要是這麼問我的話，我會這麼告訴你們：

「我的習慣就是調整時間。」

調整時間？你們一定很好奇那是什麼意思吧？

我呀，不管何時都會帶著懷錶，然後看著懷錶來配合時間，完成我一天的作息。所以，我隨時都在看著懷錶，要是懷錶故障了，我就會趕快進行修理，並重新校

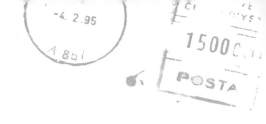

對時間。

那個時候還不像現在一樣技術發達，所以懷錶故障可說是家常便飯，因此我隨身攜帶好幾個鐘錶，並反覆確認時間是否正確無誤，一有錯誤就馬上修正。

我最喜歡散步，而且和其他哲學家不一樣，我並不常離家到別的地方去，只喜歡沉浸在自己的思緒中，並且好好鑽研學問，而每天只要一到下午，我就會在鎮上散步。

現在有很多人都會將我散步的那條步道稱作為「哲學家大道」，那時我總是在同一個時間於那條步道上散步呢！

由於我居住的地方多雨，所以只要我外出時，年老的僕人蘭佩就得帶上一把大雨傘跟在我後頭。

我和蘭佩走在那條步道上時，彼此並未交談，只是靜靜地走著。步道上有一個很大的鐘塔，那個鐘塔的時間總是保持在準確的狀態，因此我總是在那裡確認懷錶的時間。

「嗯？奇怪。」

我站在鐘塔前看著我的懷錶，一邊喃喃自語。

明明不久前才調整過懷錶的時間，過沒幾天居然又發生了時間不準確的問題！我趕緊把身上的懷錶都掏出來，熟練地開始解開懷錶的螺絲。

　　「啊！那裡！康德在那裡！」

　　「嗯，他又在調整時間了嗎？」

　　每個從我身邊經過的人都在竊竊私語，但我並不在意他們的眼光，趕緊把懷錶時間調整好後，便又開始散起步來。

　　調整時間的習慣並非一天兩天養成，而是我長久以來的例行公事，因為時間對我來說極具意義，我始終相信過著規律生活的人，必定擁有更多可思考的時間。

　　每個人一天都只有24小時的時間，有的人成為了大人物，但也有些人卻沒什麼長進，我想利用時間的方式肯定就是決定性因素。

　　人們都說哲學家需要的是冷靜的判斷，但如果你問我哲學家需要的是什麼，我想這麼告訴你：

　　「哲學家真正需要的是冥想時間。」

　　對我來說，冥想的時間能讓我冷靜地自我回顧，並幫助我重整思緒，所以我一直認為冥想的時間非常重

要，而且幾乎每天都會利用休息時間來進行冥想。

　　我有一位非常要好的朋友，他的名字是瓦希安斯基。這位朋友的智力非凡，同時還精通計算，不只如此，他還是個十分謙遜的人，我向來討厭傲慢無禮之徒，因此我格外喜歡這個朋友，我還曾向大學推薦他擔任助教。

　　日後他辭掉助教這個工作時，我告訴他我需要幫忙的人手，詢問他是否願意到我家來幫忙。

　　「可以在老師家工作，我求之不得呢！」

　　於是我讓他來幫我管理財產。

　　之後的某日，就在他來家裡工作沒多久時，發生了一件事情。

　　瓦希安斯基一大早就到我家裡來，那時我正好在喝早茶。

　　「你也一起來喝杯茶吧！」

　　我請女僕幫他準備一杯茶，而他正打算在我面前的位子坐下，我吩咐完女僕之後，便這麼跟他說：

　　「對不起，我已經有五十年都是在這個時間獨自一

人喝早茶，可是今天像這樣兩個人一起喝茶，我還是不習慣。不好意思，你可以在隔壁房間喝茶嗎？」

女僕端著茶並引領他到隔壁房間，當房門關上的那一瞬間，我才得以舒適地喝茶。

我想大家會說我這行為很無禮，但我實在不想被別人打擾我喝茶冥想的時間，就算那段時間再短，對我來說都是作為重整心情和開始新的一天，極為珍貴的安詳時光。

可能也有人會認為我的生活太無趣，但我講究準確的時間，不希望因此而被打亂生活，有時我身邊的人也會對我這種機械性生活表示意見：

「你這樣一點人情味都沒有，讓人悶到喘不過氣來！明明就有許多其他的生活方式，也能舒服地度日不是嗎？」

但我絕不認為這樣的生活方式有問題，我只是了解自己的時間有多寶貴，也很清楚知道生活規則有多重要罷了。

我一直認為要是不好好思考一下規律過生活這件事，總有一天，我們的生活一定會變得亂七八糟，然後

就會落得那些揮霍時間的人們一樣。當我們把時間都浪費光，還滿心想著要比別人傑出的話，充其量就只是貪心罷了，難道不是嗎？

　　由於我非常仔細檢視自己的日程，所以我敢說我把一天當作別人的兩天來使用。

　　我一直在思考新的想法，也在腦海中統整我的思緒，同時還忙著整合要對外發表的論文。我的每日作息起於冥想，也結束於冥想，我認為我被人視為哲學家這件事情，絕非出自偶然。

　　我一生中都未曾離開過故鄉，不過這僅僅只是代表我的身體沒離開家鄉而已，我的精神與靈魂早已環遊世界，與眾多哲學家相會，和他們一起暢聊哲學，並統整人類的自由意志，以及人類最原始也最純粹的「理性」等各種想法。

　　這樣的我，還遠比那些離開家鄉的人能夠完成更多的事。

　　我認為所謂的哲學，是超越空間的存在，足以證明我曾體驗過超越國境並與眾人相互交流的經驗。因此，

就算你們現在生活在狹小的土地上，那也絕對無法成為阻礙你成為哲學家的因素。

那麼，究竟應該要怎麼做才能成為一個偉大的哲學家呢？

我想再度強調時間的重要性。

無論是誰，每個人一天都只有24小時可以用，可是有些人成為了家喻戶曉的偉大人物，也有些人則是汲汲營營過日子，最終也只是個無人知曉的販夫走卒，你們認為這兩種人的差異究竟是什麼呢？答案就是有效地使用時間。

這世上沒有人一生下來就是絕對的天才，也沒有人是絕對的笨蛋，每個人所擁有的知識與才能僅是一線之隔，唯有如何使用時間來提升自己可決定我們的成功或失敗。所以，你們的未來就決定在於是否有妥善利用時間，以及是否能安排好計畫。

不過你們不要把這想得太艱難，只要先慢慢從分配時間，並擬定每日計畫開始做起即可。找出你們可以做的事項，並在排定時間去完成那些事情，絕對會對你們產生很大的影響。

伊曼努爾·康德

所以，就從今天開始，試著為自己擬定一份計畫表吧！只要先把你們能做的或想做的事情排入日程計畫裡，並從明天開始實踐即可。實行時，雖無須百分百按照計畫表操課，但一定要盡可能努力照著計畫表來行動，在這麼一連串的努力之下，你們自然就會培養出建立專屬自己計畫表的能力。

《純粹理性批判》的作者　康德

根據本書內容來看，人類的理性為與感性之結合，所以在數學或自然科學領域中，能夠產出可用肉眼看到、具有確實性的物體，但具有感性的人類卻可能被捲入無解的問題裡，並造成混亂，所以為了補強這點，就需要實踐理性的存在。

不同的哲學家故事 ⑩
奧古斯丁

354～430

奧古斯丁在年輕時，貪戀酒精與美色，成天虛度光陰，最後是在閱讀了西塞羅所著的《荷滕西斯（Hortensius）：哲學的勸勉》以後改變心性。

不過，奧古斯丁無法理解西塞羅所稱唯有透過恆久不變之真理，才能獲得幸福這點，長久陷入尋求真理的徬徨之中。

到了西元 384 年，在奧古斯丁 33 歲之際，他遇到了米蘭主教安波羅修，並改信基督教，同時透過自己的代表作《懺悔錄》來記錄年輕歲月時的放蕩不羈，並表白幫助他脫離所有痛苦的唯一真理就是上帝。

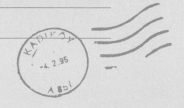

不要懷疑自己
巴魯赫・史賓諾沙

1632 ~ 1677

你們知道《神學政治論》這本書嗎？

《神學政治論》這個名稱對你們來說不免艱深，簡單來說，宗教應為人類帶來安穩與幸福，以這樣的信仰留存世間才是最美好的。

在古代，政治與宗教向來擁有很深的關聯，政治透過宗教將人民統合在一起，而宗教也對政治發揮很大的影響力，到了現代也沒有什麼改變。對於政治與宗教究竟該保有什麼關係，則是我一直苦惱思索的部分。

我以磨鏡片為生，並住在閣樓裡，所以有些人會稱我為：

「閣樓裡的理性主義者」

這可以說是我的別名了。

雖然有些人曾想要匿名捐錢給我，但我並不喜歡從別人身上拿錢餵飽自己並研究哲學，畢竟人家都說免錢的最貴，不是嗎？也許就是因為如此，我這輩子從未斷離貧窮。不過，哪怕日子再窮苦，我仍然持續思考著什麼才是真正的哲學家。

古代有很多國王身兼教皇一職，或在宗教界裡占有一席之地，但我認為這是不對的事情，我主張必須政教分離。

也許是因為我的主張否定了長期以來政治與宗教的連帶關係，所以一直有許多政治人物對我的論文表達出激烈的反應。

每當我的著作發表時，立刻就會被打入禁書黑名單中，甚至還會被放在馬路上焚燒。

你以為只有這樣嗎？有些腐敗的政治人物與宗教人士，還會在自己的演講中公然毀謗我。

不過還是有不少人暗地裡支持我，我的著作就以他們為中心，在檯面下彼此互相傳閱開來，結果國王和

巴魯赫·史賓諾沙

貴族知道這消息之後，便下令阻止與取締。然而，對於那些想看我的書的人來說，這種禁令並不被他們看在眼裡，反而還把我的書套上歷史書籍或愛情小說的封面，藉此掩人耳目，並繼續將我的書本流通於市。

當我的書被指定為禁書之後，我接到了一封信，來自於以前曾跟著我學習哲學的阿爾貝茲克・柏格，信裡面的內容是這樣的：

「老師，我已拜讀您的大作，當我讀完這本書後，我對以前曾是您學生的這段時期感到羞愧。老師或許會說您現在發現了很了不起的哲學，但您難道沒想過，也許那種哲學以後也會去攻擊別人，就像您現在不斷否定時局一樣嗎？」

他指責了我的抉擇，而我在讀信時，卻為眼光如此狹隘的他感到寒心。

我猶豫了一會兒之後，提筆回覆他：

「在讀你的信時，我腦子裡也想了不少事情。首先，對於曾教導像你一樣，認為得實勢者所言才正確的人，我對我自己才真是感到羞愧不已。要是你能夠理智一點，用哲學家的眼光仔細觀察現在的時局，我想你應

巴魯赫・史賓諾沙

該就不會說出那樣的話來了。」

我給他的回信之中，反問他如何將單純只是學問的哲學以政治或權勢者為中心來進行發展。

「我研究的哲學不是為了權勢者而研究的哲學，我也不研究可供權勢者利用之學問，我想你和我的想法差異就在於此。你問我怎能確定我自己的哲學是最頂尖的思想，但其實我從未說過我的哲學就是最正確的一條路，不過是相信自己的信念罷了。」

最後，我在信末寫下這段回覆。

不只如此，我還很理智地要他把哲學看作一門單純的學問，並仔細看懂我信中的真意。

在那之後，我再也沒收到他的回音。由於那本書的關係，使得我學生並不多，而且那本書出版之後，我也很少再出版過其他書籍，甚至沒辦法講一堂像樣的課。只有幾名學生為了躲避別人的眼光，等到晚上才敢出門來找我。

這些懷抱熱情來找我學習的學生，反而是我最珍惜的弟子，每當他們來訪時，我必定更用心教學，引領他們走上哲學家之道。

　　而這些學生們，之後也把我的意見與哲學發揚光大，使其成為能夠運用在政治上的新知。另外，誕生自《神學政治論》的他們的哲學，直到現在為止仍是眾人經常掛在嘴邊討論的哲學類型。

　　我們思考什麼是正確的政治，並期望在上位者能先淨化自己的心靈與舉止，好讓這個世界變得更端正。為了找尋出正確的道路，我們一直持續付出努力。

　　而我認為這樣的改變，也成為引發了法國大革命與其他革命的基礎。

　　所謂的哲學，會受到當代的社會與政治影響，而逐漸發生變異，不過在那不計可數的哲學之中，有一項絕不改變的真理，你們知道那是什麼嗎？

　　那就是自己對自己的信念。

　　我認為相信自己的人，就有資格開創哲學新思想。相信自己的想法並把想法告知他人，然後使眾人跟隨自己的這件事，很神奇地都是出自於對自己堅定不移的信念，要是連自己對自己的哲學有那麼一絲懷疑，或甚至是感到羞愧的話，那麼這世界就無法改變，只會停滯在

巴魯赫・史賓諾沙

原本的模樣。

　　雖然我不是什麼很了不起的人物，但我卻可自信地告訴你們：

　　「敞開心胸，並告訴自己你所相信的就是真實，就是你的心之所向，也是正確的道路。」

史賓諾沙的蘋果樹

「就算明天地球就要滅亡，我仍然要種下一棵蘋果樹。」是最能展現出史賓諾沙思想的一句話。在史賓諾沙活躍的 15 世紀哲學裡，人類不過是屬於自然界的一個個體，因此人類不管再怎麼掙扎，也無法阻擋或逃離地球的滅亡，只能謙遜地接受天命，並完成自己的本分。

不同的哲學家故事　11

多瑪斯・阿奎那

1225 ~ 1274

多瑪斯・阿奎那出生於位在義大利羅馬與拿坡里中央，一個叫做羅卡塞卡之處，是經院哲學的代表性人物。經院哲學是發展於西元 9 世紀到 15 世紀的哲學思想，其主張為以哲學證明《聖經》內的記載內容，並作出合理的說明。

西元 1243 年，進入道明會的多瑪斯・阿奎那師事大阿爾伯特，學習了不少知識，更開始埋首研究希臘哲學家亞里斯多德的思想。

之後，他發表了整合教義的《神學大全》，並表示「哲學是神學的婢女」，主張所有學問不過是證明基督教神學正確無誤的工具。

培養觀察世界的視野與基準
勒內·笛卡兒

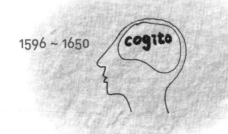

1596 ~ 1650

　　仔細想想，這世上有太多學問，諸如：數學、物理學、哲學等，我無法從這些學問中選擇其中一項作為專攻，所以最後我不管類別，努力研究所有學問，也因此人們也不知道該把我歸類在哪個類別的學者。

　　我叫笛卡兒，於西元1596年出生在法國一個叫做圖賴訥拉海的地方。我的家境雖不富裕，但也不至於窮困，就只是個相當平凡的家庭。

　　在我小的時候，家人們都覺得絕望。

　　「這孩子天生體弱，真不知道他能活多久。究竟他能不能撐過一年，還是能活得更久，一切都要看神的旨

意了。」

　　我剛出生時，就連正常呼吸都困難，所以父母很快就連絡了醫生。

　　父母陷入絕望的深淵，明明是該因為新生兒的誕生而喜極而泣的時候，我們家卻籠罩著辦喪事一樣的悲哀氛圍裡。

　　由於體弱多病，所以我從小就不能像其他小孩一樣在外頭玩耍，哪怕只是出去跑跑跳跳一下子，我的胸口很快就會作痛幾乎暈厥。因此，我每天就只能坐在窗邊，一邊聽著外頭孩子們的嬉戲聲，一邊閱讀，長久下來，我的臉比其他孩子還蒼白，手腳也比其他孩子還纖細，外表看起來就像個女孩子。

　　不過，有趣的是，閱讀的時光與偶爾發呆看著窗外並陷入沉思的時間，卻是幫助我日後成為哲學家的強大力量。

　　當我年紀漸長，便前往拉弗萊什耶穌會的皇家大亨利學院學習哲學，也在那個時候深陷哲學的樂趣之中。對於每天早上都進行沉思的我來說，哲學並非什麼遙不

 勒內‧笛卡兒

可及的學問。在那段期間，不管是早上起床時，還是無法去上課時，我總是藉由沉思來思考與反省自己。

我對所有東西都抱持著懷疑，當我求學時，便一直在思考那些被我們視為理所當然的事物，是否真的如我們所想的正確。

你們知道地球會轉動吧？那麼為什麼地球會轉動這件事情是正確無誤的呢？當然，已經有許多科學家都研究過這個事實，同時也證明了地球會繞著太陽公轉。但是在思考這種問題之前，絕大多數的人們卻是因為聽到別人說「那是對的」，便認定那是正確的事實。

「為什麼那些說法一定都是對的呢？理由又是什麼呢？」

我總是對此感到懷疑。大部分人都說對，所以就一定正確的這種說法並不能說服我，我會因此持續去思考所謂正確的理由究竟何在。我經常自問，什麼才是對的、又為什麼是對的，連自己所處的狀況或社會制度，以及各種學問等等，也全是我思考的範圍。

某一天，我決定從軍去。只不過我的軍隊生活也持續不了多久。過沒幾年，我自軍隊退役，並開始周遊歐洲各國，雖然旅行各國的那段時光十分辛苦，但對我來說，卻是幫助我進行各種思考的寶貴經驗。

　　在我當兵的期間，我遇到了數學家貝克曼，在因緣際會下開始對研究數學產生興趣，同時也開始走上數學家之路。

　　也因為這個緣故，讓身兼哲學家與數學家的我，有了一個契機創立深受幾何學影響的解析幾何學，並被人認定為解析幾何學的創始者。

　　當我在荷蘭研究各種哲學時，會一直想起以前討厭過的經院哲學。也許是因為我無法認可壓抑所有事物的經院哲學也被歸類於哲學的一種，所以我便開始重整我的思想。

　　不過在那當下，我並沒想過要把新哲學思想傳授給眾人，單純只是整理自己的想法，並希望告訴大家我的思想與經院哲學是不同的理論。

　　首先，我進行邏輯思考，並以該結果來說明導出結

論的哲學方法，而這也是我一輩子以來的人生智慧。所謂的邏輯思考，並非全盤接受所有事物，而是根據自己的想法去判斷什麼為真、什麼是假。

這個思想成了研讀哲學者所說的「近世哲學」之基礎，所以人們都這樣稱呼我為「近世哲學之父」。

不知道是不是因為同時研究數學與物理學的關係，我傾向透過科學的自然觀點，對這世界進行邏輯思考，同時也不斷對外強調這種解析方法。

另外，我也發表了心靈與物質為宇宙中的兩種實體的二元論。我想，等你們更加深入鑽研哲學以後，一定會聽到二元論的故事。

在我發表二元論之後，受到反對方的諸多攻擊，而在那之後，我便離開荷蘭，轉往瑞典。

我之所以選擇前往瑞典，是受到克里斯蒂娜女王之邀請而去。

克里斯蒂娜女王從很久以前開始，就對我的學術研究展現出關注，於是他派人傳送邀請函給我：

「您願意到瑞典來指導我，幫助我治理國家，使人

勒內・笛卡兒

民的生活過得更加幸福嗎？」

她是一位擁有高度學習熱忱的女王，並希望透過學習各種學問來治理國家。我很欣賞女王這種為了國家長遠發展而努力的謙遜態度，也很希望能助她一臂之力。於是我就按照計畫開始進行教學。

可惜的是，我待在那裏的時間很短暫，不過約莫半年的時間，我就因為感染肺炎而離世。

人們都為我感到惋惜，認為只要我再活久一點，近世哲學肯定能比現在提早完成，人們為我來不及將更多研究成果傳授給學生們而感到難過，而我也就此長眠於瑞典。

我認為正是那段自我苦惱，並經常對發生在自己周圍的事情質問「為什麼？」的時光，讓我成了「近世哲學之父」與「解析幾何學的創始者」，如果我對發生在自己周遭的事情皆深信不疑，並且全盤接受的話，那麼你們就不能聽到我的這些故事了。

所謂的哲學家，不管是哪位學者，最重要的就是要經常保持懷疑，並去思考「怎樣才是對的」，直到自己

能信服為止，倘若只是人云亦云，那麼這絕對不會是正確的答案。只要是哲學家，就一定要對所有事物做出正確的判斷，所以我想告訴你們：

「我思故我在。」

不做任何思考的哲學家，根本稱不上是哲學家，哪怕是再微小的事情，也一定要反覆思考並導出結論，才算得上是哲學家應有的態度，不是嗎？

「我思故我在」　笛卡兒

笛卡兒認為若要為學問建立確實的基礎，哪怕只有一點點不確定性，也要大膽質疑，不過在質疑世間萬物時，則不能懷疑抱有質疑想法的自己。

勒內‧笛卡兒

不同的哲學家故事 12

伯特蘭·羅素

1872 ~ 1970

羅素是一名哲學家，常質疑所有人都認為正確的東西。他為了提出證明，舉了火雞為例子。

有個火雞農場，每當早上九點就會餵食火雞飼料，所以只要時間一到，火雞就一定會有飼料吃。

有一天，到了早上九點時，有隻火雞以為自己一樣有飼料可以吃，但結果卻沒有。

因為當天是感恩節，正好是人們忙著做火雞料理的日子，那隻火雞不只沒吃到飼料，反而還被送上餐桌，成為主人的美味佳餚。

羅素以這有趣的比喻，讓我們知道透過自身經驗歸納所得來的知識也有會有所局限。

哲學發自於內心
高亨坤

1906 ~ 2004

有些人總以為韓國沒有哲學家，但我可不這麼認為。你問我為什麼？因為我正是在韓國歷史上留名的哲學家。

我是在100多年前出生於韓國的哲學家，而且我以身為韓國人而自豪。

我叫做高亨坤，平常就如同其他的韓國人，多使用自己的稱號——「廳松」。

我研究的是西洋哲學。所謂的哲學這個詞彙，在當時的朝鮮還不為眾人所知，我們所能學習到的哲學大部分都是西洋哲學。

　　不過，我在研究哲學的途中，有了這樣的想法：

　　「就連知名哲學家海德格也是在學習東方思想時，才完成了自己的哲學理論，那麼為何我們就不能發展出屬於我們的理論呢？我們要是不能了解自己，又要如何學習別人的東西？」

　　所以從那時候起，我便開始研讀佛教哲學。

　　我的父親是一輩子只知道種田養家的農夫，母親則是位豪爽的女子。雖然我們家是農家，但因為有幾片土地的關係，所以生活上倒是沒有吃過苦頭。

　　我的家人們從一出生起，就看著泥巴並摸著泥巴長大，這也是一般平凡農家常見的光景。可是我和其他兄弟不一樣，我對泥巴沒什麼興趣，反倒在玩泥巴時，對於泥巴裡頭含有的成分，以及泥巴是如何為植物提供養分更有興趣。

　　「看來你不適合當農夫，你的性格適合當學者。」

　　父母看到我這樣的表現，反倒覺得神奇，並鼓勵我去做自己想做的事情。

　　最後我開始攻讀漢學。在書堂學習漢學時，教導我

高亨坤

的老師是霽塘申一均,申一均老師是位眼光宏遠的人。

「雖然你現在只有學習漢學,但我希望你要往更寬廣的地方看,也要懂得更多東西,你的能力必定能為國家帶來貢獻。」

老師他總是這麼跟我說,這句話簡直都要變成他的口頭禪了。

我每天都專注在我的課業之中,當初我的課堂筆記應該還保留到現在,你們可以去首爾大學圖書館找找哲學相關書籍,上頭應該有我寫的各種筆記。

當我研究所畢業時,我得到曾指導過我的日本教授推薦,獲得前往延禧專門學校教授哲學的機會,那一瞬間我才感受到,在長久的努力之後,終於帶來甜美的果實,心裡真的相當開心。

我在延禧專門學校教過許多學生,其中有不少學生在跟我學習哲學以後,開始對哲學懷抱夢想,期許自己以後成為教導哲學的教授。我在學生們畢業之際,曾對他們這樣說過:

「我教導大家的內容,其實是我們從小開始就自

高亨坤

然而然接觸到的東西。所謂的哲學，只是把我們的思想統整後，引領到同一方向，而我為各位所做的，只有理清這些學問並傳授給你們而已。現在我已經沒有東西繼續傳授給你們了，從這一刻開始，你們要學會更多的東西，並且更加具體地把這些學問傳承給各位的弟子，我相信有你們的存在，韓國哲學的未來發展一定會更加充滿希望。」

你們對於存在的想法是什麼？我是這麼想的：某種東西擁有生命的理由是什麼？他們想要的是什麼？那難道不是跟剛出生時一樣的舒服與安穩嗎？佛教裡的參禪，就是幫助我們找出內心的祥和，而所謂的「禪」，就是讓內心達到最安寧的狀態，每天都過得平和安詳。

我把我的想法給統整起來，並撰寫《神的世界》一書。這本書是我所有著作中最有名的一本，而且在書本出版之後，韓國一些研究哲學的後進也出版了支持我意見的書籍。

西元1980年，我在一個叫做井邑的地方買了房

子，房子不過七坪大而已，也因為這個緣故，我遲了好一陣子才能專心完成我的哲學理論。

　　我在那裡開始研究禪的哲學，而那段期間也是讓我完成自身哲學理論的一個良機。我獨自一人生活的十一年間，同時開始鑽研元曉大師與禪的佛教哲學，在那段時間裡，我把過去所學全都拋諸腦後，並以全新的心情埋首書堆，好好理清自己的哲學思想。如今想想，獨自一人的時光，實在有助於我整理思緒。雖然我單獨生活在深山裡，無法兼顧身體健康，但心靈獲得沉澱，著實獲得不少領悟。

　　真要說起來，最可惜的莫過於當我帶著長時間以來的研究結果前往首爾途中，放在行囊裡的筆記被扒手誤以為紙鈔扒走。

　　之後，我重新整理自己的哲學思想，並出版共兩冊的《神的世界》。這套書在西元1999年時，還曾入選為國內各領域知識分子精選的20世紀韓國經典書籍。

　　我也常對自己的孩子強調我的哲學思想，並教導他們要清廉於世，並闖出一番讓韓國人們感到驕傲的事

高亨坤

業。也許是這樣的潛移默效發揮了作用，我的第二個兒子高建一路當上了韓國總理，我想你們應該都曾聽過他的名字。

我認為哲學家並不是位於眾人之上的存在，而是要懂得將心比心，並完成自己的思想理論。雖然有時哲學家需要獨處的時間來整理自己的想法，但我認為無論是和學生們一起在教室裡或是在野外，甚至是在餐廳一邊享用美食，一邊暢所欲言，都有助於哲學思想的發展，因為我們生活中的點點滴滴都是一種哲學。

《神的世界》

本書是以元曉大師的思想為基礎，來洞察神的世界。在西元1999年時，被出版日報選為國內各領域知識分子精選「20世紀韓國經典」書籍之一。西元1995年，《神的世界》發行增訂本，並分為第一冊（西洋哲學與禪）及第二冊（韓國的禪）出刊。

丁若鏞
1762～1836

西元 1762 年，時值英祖時代，出生於京畿道的丁若鏞，日後成為朝鮮後期的實學家。

科舉及第的丁若鏞，參考《奇器圖說》一書，製作出能舉起大石的「舉重機」，並幫助水原城的工程提早結束。

所謂的舉重機，是利用滾輪原理的機械，可以最小的力量往上搬運重物。舉重機的出現，讓搬運工減輕不少辛勞。

除此之外，丁若鏞為了減輕人民因天花流行而喪失性命的狀況，以西洋科學為基礎，引進了種痘的技術，成功將許多老百姓從鬼門關前救了回來。

經驗就是哲學的基礎
法蘭西斯·培根

1561 ～ 1626

我名叫培根，是英國的哲學家。你們是否覺得我的名字很耳熟呢？不過，我當然不是要跟你講食物培根的故事啦！那個可以吃的培根和我可沒有任何關係噢！

我曾在劍橋大學主修法學，擔任過律師、議院議員等，之後更一路晉升到首席檢察官與大法官等職位。不過我在攻讀法學的同時，也接觸到哲學這個嶄新的學問領域，讓我了解唯有學習哲學才能撫慰人心，哲學就是門讓人變幸福的學問。

我主要的研究以及我重視的領域是「自然主義」與「經驗主義」，這聽起來有點難，對吧？

其實所謂的自然主義，並不是什麼特別的東西，它是指人類研究學問的緣由就在大自然裡。不管是研讀科學或數學，其實都是為了把存在於自然界中的現象，更確實地轉化成肉眼可見的資料，因此所有學問最終皆與自然有所連結。所以，培養觀察大自然的視野是我們做學問最重要的因素，而自然主義就是在強調這一個論點。那麼所謂的經驗主義又是什麼呢？

你們曾經歷過什麼事情呢？

「只有跌倒過的人，才知道跌倒的痛。」

有一句話是這麼說的，而這句話所表達的意思正好與經驗主義不謀而合。

人們親身去體驗並感受到的東西，就是一種哲學。在經驗主義的定義中，所謂的學問就是從經驗裡開始的，透過將這些經驗歸納，便能獲得知識與結論。

我的這種思想，後來成為了英國的經驗論基礎，也為科學發展帶來很大的影響。

另外，我也發表了四種偶像論。

我所發表的四種偶像論分別為：劇場偶像、種族偶像、洞穴偶像、市場偶像。

法蘭西斯·培根

119

所謂劇場偶像，指的是像在劇場觀看電影或演劇時，就算明知裡面的人物角色都是人為創作而成，仍會對他們產生是實際存在人物的錯覺，為盲目崇拜所帶來的錯覺；種族偶像則是指完全站在「我」這個立場，去觀察與評斷所有事物。至於洞穴偶像，則是指個人狹隘的見解導致產生錯覺、偏見、滿足等所造就出來的偶像，也就是個人淺見、以管窺天；市場偶像則是流言蜚語造就出來的偶像，指的是人類在交流過程中所衍生出來的混亂。

　　這其中「劇場偶像」是不是讓你覺得很難懂呢？

　　你們是否常常會說這種話：

　　「那是亞里斯多德說過的話，一定是真的！」

　　「那是我媽媽說的，一定不會錯。」

　　這話本身指的就是劇場偶像。不管再有名的人，只要是個人類，就一定會有犯錯的時候，然而若只因為其名聲或認為他是自己可信賴的人，就全盤接受該對象所說過的話，則表示其實根本不懂得思考。

　　我所提出的偶像論，對研究哲學的人來說，是相當受歡迎的學說。他們認可我的意見，並各自談論起自己

的想法，顯然地，他們一直期望有人能把這現象正確地表達出來。

　　我無論何時都以人們合理的思考為最優先，也為此而努力。我特別愛批評那些毫無任何根據，只憑著有過數次經驗就相信自己能力傑出，盲目的經驗主義者，以及那些建立出與經驗毫不相干的理論，便大肆聲張宣傳的人。

　　不過當我還在世時曾引起眾多紛爭。

　　「這都騙人的，根本不像話！」

　　「培根只是用他的口才去說服、矇騙他人罷了！」

　　「說經驗重要，可是又說不能累積太多經驗？不就是信口開河而已嗎？不是這樣，也不是那樣，他到底在說什麼？」

　　反對我理論的人們，不停找上門來怒罵我，有的人會口出惡言，有的則是會朝我亂丟東西。

　　「哼！只會唱高調，難怪和賄賂扯上關係！」

　　到了後來，甚至有人牽扯我以前受賄賂事件，除了因此被拔官，還入監服刑的過去都拿出來說嘴。

法蘭西斯・培根

「自己為人不正直，還好意思批評別人？也太不要臉了吧！」

「所以說這個人根本就不值得信任！」

反對我的人對我做出諸多批判和攻擊，可是我並不因此屈服。

我告訴自己一定要堅強，並將晚年的時光全都投入於學術研究及創作，並獲得卓越的成就與肯定。

哲學絕非與世隔絕的學問，在必要之時，也會躍上世界中心來改變這個世界。

只要能屏除成見，對世間萬物常保好奇與質疑，並努力以符合邏輯的方式去進行思考，那麼就算你們從哲學家轉身成為政治人物，或再度成為學者等不同面貌，也能成為敞開心胸去面對這個世界的人。

培根的偶像論

主張經驗主義的培根，在偶像論中提出「劇場偶像、種族偶像、洞穴偶像、市場偶像」四種人們會有的偏見與幻想。

法蘭西斯·培根

不同的哲學家故事 ⑭

湯瑪斯・霍布斯

1588 ~ 1679

霍布斯在四歲時就能閱讀文章，五歲時更能通希臘語及拉丁語，是位很聰明的小孩。

當他長大成人以後，與許多有名人士交際往來，其中一人就是培根。霍布斯幫忙把培根的著作翻譯成拉丁語，同時也把培根的思想寫在筆記裡留存下來，而幫忙培根的這段期間，也自然而然地變成霍布斯學習培根經驗論的契機。

霍布斯所寫的《利維坦》，徹底以經驗論為論述基礎，將人類定義為「從一出生起，就是自私的存在」，並判斷這世界為弱肉強食的社會，因此他認為應在所有人類的協議之下，建立起無敵的律法，並以該律法來維護社會的秩序。

哲學就是自然生息
格奧爾格・黑格爾

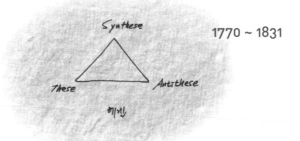

1770 ~ 1831

你知道人們在談論哲學時，最常提到的學派之一是哪一個嗎？就是「黑格爾學派」。

我叫做黑格爾，是黑格爾學派的創始人，但老實說，其實我根本就沒想過要創立學派，黑格爾學派是追隨我思想者自發組成的。

總之，黑格爾學派的思想基礎為「辯證法」。

你們一定覺得辯證法這個字彙很難懂吧？其實辯證法是一個很簡單易懂的方法。所謂的辯證法，簡單來說，就是去思考人們的想法與經驗所帶來的結果力量。

我的哲學啟蒙起始於杜賓根大學。當時我交到了人生中最重要的朋友，他們分別是詩人弗里德里希·荷爾德林、哲學家弗里德里希·威廉·約瑟夫·謝林。

　　不久之後，法國爆發了革命戰爭，一些非法國貴族的知識分子群起對抗貴族們，後世稱這場戰爭為法國大革命，也是你們往後將會學習到的中世紀重大歷史事件，你們所熟知的「瑪麗王后」與「路易十六」都是這時候的人物。

　　我和謝林支持第三等級身分的民眾，他們所講的「自由、平等、博愛」，對我來說，是一個全新的共鳴點，我也認為那是人類所能擁有的最美好精神，同時也是人類的基本人權。

　　於是我和謝林一起加入改變法國的革命聚會，並為了聚會中的有志之士草擬了不少政治方針。

　　我想就是那個時候啟蒙了我對哲學的關注。

　　我一直認為法國大革命能夠改變這世界，不過那時我也突然閃過這個念頭：

　　「等等，不對，等一下。如果考慮到昨日為止的歷史變革，那麼這世界豈不是像現在一樣持續更迭呢？」

格奧爾格·黑格爾

革命期間，我一直沉浸在這個想法中，最後這個想法也成了我接觸「辯證法」一個契機。

在那之後，我努力證明過去到現在的人類行動，都是出自於同一法則，而且為了證明這個論點，我得去思索一直以來學到的歷史並整理出順序來，然後再透過那個順序去觀察人類行動，即可得知人類循序漸進之改變，就是所謂的「經驗」。

「沒錯，就是這個！這就是讓人類改變的力量！」

後來我甚至整個人都關在房門裡，足不出戶，只是專心去書寫這其中的原因與結果，還有改變的歷程。由於這項作業是以我從小開始就學習到的知識為基礎，所以對我來說並不是什麼難事，而我也就忙著理清與記錄我的思考方向，直到廢寢忘食的地步。

而我所發展出的哲學方法，被世人稱作是辯證法。

我也曾經是柏林大學的教授，並培養出不少學生。對於教學，我向來傾注我的所有熱情。

在任職於柏林大學期間，我也完成許多著作，包含《小邏輯》、《自然哲學》、《精神學》、《法哲學原理》

等書。

許多人在讀了那些書以後，紛紛和我交流他們的想法，並希望和我探討更深層的哲學。他們一致稱讚我的哲學並非尋找人生在世絕無法體悟到的真理，大大地改變了他們對哲學的想法，然而我聽了他們的稱讚以後，卻覺得孤獨。

這是因為我感到他們就像我的學生一樣，不懂哲學為何物。

所謂的辯證法，並非透過某人的體驗，而是從自己的經驗中產生信心，相信自己能夠更堅強地往前邁進。舉例來說，倘若以前曾經犯過錯誤，那麼重新挑戰時，就可從過往的經驗警惕自己避免犯下相同錯誤，且對自己更具信心，這就是辯證法的真正力量所在。

可是人們並非如此，人們總認為以辯證法思考並總結出結論就是一切。我心中希望看到辯證法改變人們的生活，並為我們的人生帶來助益，可是我卻沒看到任何人這麼做。

因為這個緣故，此後當我參加各種文藝沙龍或聚會

時，正當其他人都在彼此對話交流，我卻總是獨自一人躲在一旁。

「你的表情怎麼這麼陰沉？」

一整天的派對之中，我一句話也沒說，結果朋友反倒問起我來。那位朋友算是最了解我心中想法的人了。

「沒有啦，我只是不想加入他們的聊天話題。」

「你別這樣了，隨便去找個人聊聊吧！大家都對你的故事很有興趣，這種時候主角可不能缺席呀！」

朋友的這番話，讓我更洩氣了。他明明是最懂我的朋友呀！怎麼會這麼不了解我，不知道為什麼我不想去加入別人的話題。

哲學究竟是遠離人們的學問，還是就存在你我身邊、觸手可及的學問呢？有許多哲學家都說哲學必在人之上，是要引領人們走向正道的力量，但我卻不這麼認為。

所謂的辯證法，絕非在眾人之上，而是存在你我心裡、歷史洪流之中，伴隨著人們一同往前邁進，作為我們持續發展的推手。

格奧爾格・黑格爾

我認為那才是真正的哲學，而辯證法也許只是哲學這個領域裡的一小部分，但是像辯證法那樣，在不知不覺間改變我們的那股力量，不正是哲學嗎？

黑格爾的辯證法

構成世界的物質隨時都在變化與進化，為「辯證法」論點之原理。舉例來說，想研究哲學的心態為正向狀態，但全新的研究會讓人產生矛盾這點，即為反向狀態，而經過研究之後所導出結論則為集合狀態，此時的集合狀態則表示原狀態獲得發展與進化。

不同的哲學家故事 (15)

卡爾·馬克思

1818 ~ 1883

德國的經濟學家兼政治學家，馬克思，在家中排行老三，他的父親是猶太裔法學家。他在相當於現代高中的特里爾中學畢業之後，便進入大學攻讀希臘羅馬的神話、美術史、法律、歷史與哲學等，此時他在哲學課程中接觸到黑格爾哲學，並產生興趣，於是開始鑽研黑格爾哲學思想。

馬克思雖然對黑格爾具辯證法觀點的歷史觀感到興趣，但他認為這世界的歷史依序經歷過原始共同社會、奴隸制社會、封建社會、資本主義社會、共產主義之階級鬥爭，最後必然會是共產主義支配全世界。馬克思觀點中的共產主義社會是打破階級，創造真正的平等。

尋找看重自己的人
約翰・史都華・彌爾

1806 ~ 1873

「你是自由的人嗎？」

人們要是被問到這個問題，肯定滿臉困惑，百思不得其解。

「我很自由，我正在做我想做的事情。」

也許有些人會這麼回答。

「我受到太多人影響，一點也不自由，所以我感到相當孤單。」

一定也有其他人會這麼回答。

究竟自由是什麼？你們有辦法自信滿滿地回答出來嗎？你們了解自由的真諦嗎？

我是出生在英國的哲學家，同時也是一名思想家，名叫約翰・史都華・彌爾。我主要以「自由論」作為基礎，對眾人講述自由的重要，而我對「自由」的想法也成為日後發表自由主義這項新思想的契機。

　　所謂的自由論，就是思考人類需要保有多少自由的理論。

　　只要和人一起生活，我們的自由就必然受限，畢竟要是我們以自由之名去麻煩別人，甚至殺了別人，那不就會成為很大的問題嗎？所以人類的自由必須在一定的範圍內才可行使。這樣的觀點就是自由論的論點，怎麼樣？比想像中還簡單吧？

　　換句話說，所謂的自由就是在不妨礙別人為前提之下，能夠按照自己的想法來行動。

　　不過口口聲聲談論著自由論的我，小時候卻過得很不自由。我的父親一直對我抱持相當大的期望，因此對教育相當要求，受到父親的影響，我從小就學習各種語言和閱讀許多著作。

　　「你一定能成為了不起的學者，我知道你有無限的

約翰・史都華・彌爾

才能，因為你很像我。你要知道這些都是為了你好。」

「是，我知道，父親。」

我心知肚明父親對我的期望有多深，所以我沒辦法表示出厭惡。

父親教導我很多東西，我從三歲開始就學習希臘語，之後則繼續學習拉丁語。對我來說，學習希臘語和拉丁語已經夠痛苦，但要忍住出門玩耍的心則更是叫人難受，所以我偶爾也想躲過父親法眼，偷偷溜出去玩，只不過這心願終究無法達成，因為父親每晚必定親自檢查我當天的學習進度。為了每天回答父親的抽問，我只能不停地默記書本的內容。

「好，那麼這時候該怎麼回答呢？」

「嗯，那個，嗯……」

要是我答不出父親的問題，父親就會大為光火，我內心著實討厭看到父親用生氣的眼神瞪我，而且看到那樣的父親也叫我難受。所以為了不讓父親失望，我一直很用功學習。

小時候，我經常與書相伴，現在想想，那段時光並不讓我感到後悔，我知道那都是父親為了我好。

　　只不過，父親從未給我自由，他不曾讓我做自己想做的事情，也不給我機會讓我自己選擇心中真正想學習的東西。

　　在那樣的生活之中，我只覺得孤單。我一直尋找真正理解我的人，最後我終於找到了。

　　我26歲那年，在父親的幫助之下，結識了幾位實業家，有一次我受到其中一位叫做約翰‧泰勒之邀，前往他家中作客。

　　「歡迎光臨。我從先生那裡聽到很多關於您的事，很榮幸能直接與您相見。」

　　泰勒先生家中出來迎接我的是他的夫人，23歲的哈莉特‧泰勒。我和泰勒夫妻共度晚餐，並且聊了許多故事。

　　這是我第一次這麼靠近女性，而之前試圖親近我的女性，則都是無法理解我、單純只是想要引起我注意的人，也因此和眼前的哈莉特女士相處的經驗，對我來說是相當新奇的。

　　哈莉特女士對藝術與學問相當有興趣，而且也具備

約翰‧史都華‧彌爾

相應的知識，和我有許多地方都很契合。

我和她對話的同時，也意識到了自己竟比平常還健談。

在那之後，我經常和哈莉特女士見面，泰勒先生知道我和哈莉特在很多方面都很契合，所以也經常製造機會讓我們會面。每次我見到哈莉特女士，總是誕生許多新鮮的想法，而哈莉特女士也在這方面幫了我不少忙。

我很尊敬哈莉特女士，而哈莉特女士對我也抱持著同樣的感覺，我們可說是心靈相通的關係。

可是這世界很奇怪，只不過因為哈莉特女士是有夫之婦，所以我倆單獨見面聊天時，就會被人以有色眼鏡看待，甚至就連我的家人都對我指責不已。

「不管怎麼說都太誇張了！你怎麼能去和有夫之婦會面呢？看來是我沒有把你教好！」

父親擺出了我至今從未見過的嚴厲臉色，並對著我嘶吼，而母親也說這樣下去，她沒有臉出外見人，要我快斬斷和哈莉特女士的關係。然而，我就是無法理解家人與親戚們對我說的話。

「為什麼你們要那麼說？我和哈莉特女士是彼此互

相理解，我透過她得到許多嶄新的想法。」

不管我怎麼解釋，就是沒有人聽進我的話。

當我帶著陰鬱的表情去找哈莉特女士時，發現哈莉特女士也和我一樣的表情，想必她一定也聽到了相同的批評。

我們根本就沒做什麼壞事，就只是最了解彼此的摯友而已，就只因為彼此的立場，我們就得聽盡所有人的批評嗎？

「到底真正的自由是什麼？」

我從那時起，就開始思考一直埋藏在我心中的疑問，也就是「自由」的真諦。

「我不懷疑他們。兩人只不過是男人和女人，這並不會影響他們彼此互相了解的友誼。」

哈莉特女士的丈夫並未懷疑我們，這是因為泰勒先生了解我們兩個的關係是超越世俗所謂之友情或愛情的關係。託泰勒先生之福，我們兩個才能不在乎世俗眼光，光明正大的會面。

之後我因健康因素，前往巴黎進行療養，哈莉特

女士得到泰勒先生的允許，帶著兩個小孩到巴黎來照護我。

如果人的靈魂可以分成兩半，我想我另一半的靈魂應該就是哈莉特女士。

每當我與哈莉特女士見面時，我總是有許多想法，同時也思索著我自己的自由。人們有時候會這麼說：

「我要怎麼做，那都是我的自由！」

那些人只是把自由拿來當作自己所處狀況的藉口，真正的自由才不應該是那樣。我認為別人的自由也和自己的一樣重要，所以一定也要維護他人的自由。在維護他人自由的同時，我也享受著自己的自由，難道這不就是自由的真意嗎？

自由固然重要，他人的自由也一樣重要，唯有互相體諒與著想，才能開始產生真正的自由。

我把我的故事寫進《論自由》這本書裡，且這本書也獲得許多人的認可，日後更成為撼動全世界自由主義的基礎。

如果我沒有遇見哈莉特女士，我想我是寫不出《論

約翰・史都華・彌爾

自由》這本書來的，而且也沒辦法站在你們的面前。哈莉特女士是讓我深入思考哲學與自由的人，對我來說，哈莉特女士就是我最好的禮物。

彌爾的自由論

彌爾在講述人民的社會自由時，同時也主張自由要在政府正當且適度的干涉之下才能成立，而且「國家的價值建立於每個國民的個人價值，輕視個人價值的國家，是絕對無法存在的」。

不同的哲學家故事 16

傑瑞米‧邊沁

1748 ～ 1832

所謂的「效益主義」，是 19 世紀中於英國出現的思想，代表「更多人享受更大的幸福」之意，而效益主義的代表性哲學家就是邊沁。

哲學家邊沁出生於英國倫敦的中產階層家庭，自幼就情感豐富，是個心腸軟的少年，跟著長輩出外打獵時，就算是小動物也無法下手獵殺。

長大後的邊沁成為英國法律改革運動的先驅和領袖，對社會福利制度發展有重大貢獻。

他也以代表要讓更多人享受更大幸福之意的「最大多數的最大幸福」，當作自己的哲學思想目標。

做個無論何時都堂堂正正的人
德謨克利特

B.C. 460 ~ B.C. 370

這世上有許多的誤會。有時候人們不去了解對方的內心，只以眼前看到的東西來判斷。

「微笑哲學家德謨克利特」

人們總是稱我為微笑的哲學家。

我想你們一定不知道這是什麼意思，而心生疑問：

「為什麼是微笑的哲學家？」

有些人以為是我嘲笑人類愚昧，才獲得這個稱號，但了解我的人都知道這傳言並不是真的。

我出生在希臘，希臘有許多偉大的學者，當然也有許多傑出的哲學家。雖然我主修哲學，但我的學生並

不多，而且我也不是能夠發表個人演說的個性，不只如此，我只喜歡和人談論哲學，一點也沒有從政的意願，更不是從政的這塊料。

因此，許多人都曾聽過蘇格拉底或亞里斯多德，但卻很少聽過我的名字。

我的家境並不貧窮，雖然也不是極為富裕的家庭，但我不愁吃、不愁穿，也不用外出工作，所以比起思考工作的事情，我更關心關於我自己的事情。不過我不像當時許多人一心嚮往從政，所以就更加找不到適合的工作了。

從政一直以來不是我的人生目標，對我來說，我的人生就只是無聊的時光罷了。

我很喜歡在家裡思考，除此之外，我並沒什麼特別想做的事，這也是我選擇待在家裡的第一個原因。

在思索的過程中，我也自然而然地深入思考所謂的哲學和人類的生活究竟為何。

那成了我走上哲學家之路的第一步。

德謨克利特

「你那麼努力學習，不妨去試試政治這條路吧？剛好國王現在正在招募人才呢！」

某日，父親對正在思考中的我如此說道。不過，我馬上就拒絕了他。

「為什麼呢？你就算學了再多東西，只要不好好使用那些知識，那就等於毫無用處。既然你都這麼認真努力，也累積豐富的學識，國王要是知道的話，一定會好好重用你的，你為什麼要拒絕呢？」

父親氣得唸了我幾句，但就算父親多說些什麼，我也不想聽從他的意思，尤其是政治這部分。

也許是因為我們家向來與政治圈有關之故，所以我一直很討厭聽到關於政治的話題，尤其當父親在我身旁時，我表現得格外明顯，我們父子倆因為政治的關係，總是惡言相向，吵個你死我活。

「那些說要從政的人，都是笑裡藏刀的傢伙。」

我對政治實在是很反感。

就我的觀察，身邊的人一旦碰了政治並掌握權勢，每個人最後都變了。最初他們都宣稱要為人民做事，可

是用不了半年，就再也沒人繼續堅持這個信念，當他們擁有權勢與財富後，全都變成了金權的奴隸，滿腦子只想著要賺取更多金錢、獲取更多權力，市民的幸福已不被他們放在眼裡。

雖然並非所有的政治人物都是如此，不過在當時，這幾乎是每個政治人物必然的轉變，而我看到他們的這種面貌，便很抗拒政治這條路，不願意自己也變成那副模樣。

我把父母的嘮叨拋諸腦後，並開始著手整合我的哲學思想，然後撰寫成冊。我並非為了講述大道理而寫書，寫書只為了整理我腦裡的想法，並好好回顧自己的作為。

不過奇妙的是，在我反覆思考與寫作的這段期間，我竟然以哲學家的身分打響了名號，開始為人所知。

某日，有個人來拜訪我，他表示他的合夥人成功做了一筆大生意，所以分給他一筆錢，他算了算那筆錢的金額，總覺得合夥人騙了他，希望我幫他分析是否真是如此。

「那麼你直接問他不就好了？」

「可是這樣做的話，顯得我好像很小心眼似的。」

他面露難色。於是我這樣告訴他：

「懷疑人是不對的，如果那個人打從一開始就是可疑之人，那麼你就不該和他合夥。而且你要是真想知道答案的話，就請直接問他，如果無法開口，那麼就把這份懷疑永遠埋在心裡，這才是你可以和那個人相處一輩子的方法。」

他猶豫了一會兒，告訴我他會再想想看。

對於來找我諮詢的人，我總是和他們一再強調：不管何時都要堂堂正正、理直氣壯。

「不要隨便去懷疑人，你該做的是慎重待人，並走上安穩之路。」

「對於生活習慣的反省，就是救贖我們人生的恩典。」

「唯有品行端正，才能永享安樂與祥和的人生。」

我總是說，人們的狹窄心胸與無謂的貪欲會招致不安與不幸。然而我們人生在世，一定會感受到不安，因

為那是我們自己就能感覺到的情緒，只有自我察覺並加
以反省，之後才能獲得心靈的安寧。

德謨克利特　原子論

由於天性樂觀之故，被人稱「微笑的哲學家（Gelasinos）」
的德謨克利特，與他的老師留基伯共同創立了古代原子論。
德謨克利特認為萬物的根源就是「無法再被切割的最小粒
子」，並主場真空裡的原子運動是依照原子的重量產生，且
永恆持續。

不同的哲學家故事 17
普羅提諾

B.C. 204? ~ B.C. 270

看過希臘哲學家普羅提諾真面目的人並不多，這是因為他交代眾人絕對不要畫他的肖像畫。

由於他的性格獨特，學生們只好偷偷請來畫家，讓畫家在上課期間記下他的面貌，回去再按照記憶作畫。

普羅提諾會有這樣的行為，是因為他很討厭自己的肉體。作為新柏拉圖主義創始人的普羅提諾，深受亞里斯多德的斯多葛學派之影響，認為肉體就是所有痛苦與問題之根源。

據說十分厭惡肉體的普羅提諾，有絕對不洗澡的習慣。

給靈魂受困於枷鎖的孩子們
畢達哥拉斯

B.C. 580 ~ B.C. 500

我不太喜歡站在眾人面前，我想可能是因為我在研究哲學期間，經歷過太多不好的事情。

西元532年時，為了躲避暴君政治，我離開自己的國家，逃亡到現今的義大利。我的原生國家是個無名的小地方，國王長年實施暴政，不停壓榨人民。

在這樣的苛政之下，人們不敢說出自己想說的話，無論何時都得看政府的臉色來行動。最後，人民的感情越來越僵化，彼此互相猜忌，多的是彼此眼神交換之後，便立刻回到自己家裡，不敢在外多逗留。

「我沒有辦法繼續在這裡生活下去了！我寧可遠走高飛，離開這個國家。」

　　我很討厭這種無法說出心裡話的生活。逃離國家以後，雖然心中仍有惦記，但我不想再回到那裡。

　　我在義大利西南部建立了一所學校。

　　學校裡培養了許多學生，學生們除了跟著我學習哲學，也跟著我進行研究。

　　我和我的學生們創設了畢達哥拉斯學派，並且在數學與天文學領域留下了不少成果。

　　在眾多成果之中，其中有一樣是「畢氏定理」，是平面幾何中基本且重要的定理。

　　畢達哥拉斯學派是以我為中心的哲學流派，同時也是一個宗教組織。在我研究哲學的那個年代，宗教與政治皆與哲學脫離不了關係，其中宗教更是政治人物用來團結人民力量的一個工具。

　　我曾這麼描述過我的思想：

　　「我相信靈魂會轉生，所有活著的生命都和家人有相同的緣分。」

 畢達哥拉斯

我一直這麼和人們強調著。

我的中心思想就在於，儘管我們堅稱彼此沒有肉眼看不到的血緣關係，但眼睛看得到的東西卻不代表全部。我相信靈魂會轉生，所以今生非我們親屬者，在很久以前，甚至是更久以前，都有可能是我們的家人，也因此所有人都有「親屬性」，與此同時，彼此間也像家人一樣，互相珍惜並互相關愛。

畢達哥拉斯學派受到許多市民的喜愛。我們並不單純只研究科學或數學而已，我們還一直致力尋找什麼能幫助眾人，並努力研究能夠改善眾人生活的科學。

至於我們學派的宗教性立場，也深獲國家管理階層的好評。

我所在的愛奧尼亞也有一個學派，叫做愛奧尼亞學派，他們的學術論點強調自然主義。所謂的自然主義，其論述基礎是指生活融入自然，主張人類在大自然裡可感受到幸福，而將生活融入大自然即為人類最理想的幸福模樣。

但我並不那麼想。

我追求的是神祕、具宗教性的東西，因為我想要建造能夠廣納更多人，並可讓他們放鬆心神的地方。完全強調且要求信仰的宗教也許符合某些人的需求，但無論是誰都會想要找一個可以倚靠的場所，在這樣的心靈旅途中，我所努力的方向就是提供我的哲學思想，成為人們心靈的休憩處。

　　由於有許多人與我追隨相同的方向，因此他們很快就認同我的理論，之後越來越多人追隨我這個學派。

　　所謂的靈魂，是能夠運作我們的身體，並驅使我們思考與講話的存在，沒有靈魂的身體，不過只是一團肉球而已，由此可見靈魂之重要。我相信靈魂在我們死亡以後，會去找尋其他肉體並再度重生，而記得前生則是件重要的事情。我相信，只要能夠想起前生，就不會反覆犯下自己以前所犯的錯誤了。

　　所以我經常要學生全力去進行冥想法，以幫助自己喚醒前世記憶。另外，我也再三強調要常保靈魂的純粹，只有潔淨的靈魂才能在來生成為足以與神並列的高貴人士。

畢達哥拉斯

「請不要隨便亂談論神聖的東西，只要你們稍有不敬，來世就不知道要投胎變成什麼了。另外，為了強調靈魂的純粹，請你們穿白衣，並且經常努力端正自己的心性，讓自己成為配的起身上白衣的人。你們也要守貞，若是貪圖美色歡愉，就跟與惡魔交易沒什麼兩樣！不要吃豆子，豆子的模樣不潔，對我們的身體會有不良影響。」

有人看到我們學派的教義後，就說我們是怪胎。

「所謂的靈魂是真的存在嗎？你們連眼睛看不到的東西也信？是傻瓜嗎？」

我的這種宗教性格，日後影響了許多哲學學派，而且與希臘的其他學者相比時，這反而成了我的特徵。我相信哲學可以當作淨化靈魂的工具，而帶有這種想法的哲學家，除了我以外，幾乎可以說是前無古人，後無來者。

由於我在數學與科學領域上的研究，為社會帶來許多助益，所以有許多數學家及科學家來到我們學校學

畢達哥拉斯

習，並在學習過程中自栩為畢達哥拉斯學派，活躍在社會各領域。

　　因此在我離世以後，我的名聲並未就此消失，依舊響遍全世界。

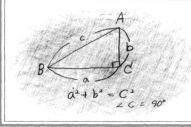

畢達哥拉斯定理

直角三角形的兩條直角邊的長度的平方和等於斜邊長的平方。相傳此定理最早為畢達哥拉斯所發現，因而得名，又稱畢氏定理。

赫拉克利特

B.C. 535~ B.C. 475

赫拉克利特出身貴族家庭，是一位認為萬物根源出自於火的哲學家，他主張宇宙萬物是在互相對立、爭鬥的同時，逐漸產出構成這世界之物質。

另外，他把這種思想稱作「邏各斯」。不過由於赫拉克利特留下來的文章難以說明，所以周圍人們都管赫拉克利特稱為「晦澀者」。

赫拉克利特對於和自己想法相異者感到失望，於是獨自一人隱居山林，過沒多久就因只吃雜草過活而得到水腫。

159

經驗造就內涵深度
齊克果

1813 ~ 1855

在丹麥的鄉下有一個少年，他的家境十分貧窮，別說上學了，光是每天能不能餵飽自己的肚子都是一大難題。

當這個少年8歲時，他的父親把他叫了過去：

「現在你已經長大了，你得自己去想辦法賺錢餵飽自己了。剛好隔壁村子開墾荒地的佃戶在聘請助手，你就去那裡工作吧！」

父親的話就是命令。

少年不得已只好開始在那位沉默寡言的佃戶底下幫忙農事，炎熱的太陽把少年的皮膚都曬黑了。每當一

天的工作結束，少年就拖著疲累的身軀走入倉庫般的房間，倒頭大睡，日復一日。

「為什麼老天爺對我們這麼不公平！」

同齡孩子們既可以上學唸書，又可以吃好吃的東西，不用煩惱下一餐，可是少年卻過著與他們天差地遠的生活。他想到人家都說神是公平的，但是自己明明就沒有過上好生活，由此可見神根本就不公平，對此他感到憤怒。

「神啊！為什麼？為什麼我要過著這麼痛苦的日子？您為什麼又要對我的痛苦視而不見？請您回答我！我要詛咒您！我討厭讓我過得這麼痛苦的您！」

過沒多久，少年就前往哥本哈根，去找從事木材商人的叔叔。他開始在哥本哈根幫忙叔叔的事業，等到長大成人以後，竟已成為在丹麥首都哥本哈根擁有五棟房子的富豪。

那位少年就是我的父親。其實我一輩子都只關注著哲學研究與寫書，多虧父親的幫忙，我才得以生活下去。父親為了不讓貧窮代代相傳，憑藉著過人的意志賺

齊克果

161

了許多錢，而這也成為幫助我以作家身分生活下去的一大力量。

我從父親那裡得到的幫助不只有金錢方面而已。

作為一個作家與哲學家，我能成長到這個地步，都是託父親留給我的心靈遺產之福。

我的父親信仰正統路德教派，由於他非常熱愛形式論證的理論，所以他叮嚀我要成為一個具邏輯的人。父親買給我許多宗教書籍，並讓我閱讀許多作家的小說，當我對那些東西產生興趣之前，父親就教我不管和誰說話，都要抬頭挺胸、堂堂正正。

對我來說，父親就像是我的救世主，他為了達成我的願望，總是不停努力，同時也把這樣的精神體現在他的事業上。

「啊！父親真的很厲害！我好喜歡這麼威風、這麼強大的父親！」

我最喜歡偷偷跟在父親後頭，看著他和客戶交易往來的背影。

可是當我年紀越來越大，我開始感覺父親臉上總

是籠罩著一片烏雲，他向來堅強剛健的樣貌裡，好似藏了不安的影子。我好想知道到底是為什麼，要是可以的話，我希望能替父親分擔他的憂慮。

幾經猶豫之後，我開口詢問父親為何如此痛苦。

結果我從父親口中聽到一個驚人的答案。

「我小時候曾經詛咒過老天爺。」

我沒想到那麼認真上教會祈禱，是個虔誠信徒的父親竟會說出這種話。

於是我繼續追問：

「那麼，母親那麼早過世是因為您的關係嗎？」

「對不起。」

「我們七個小孩中有五個都早早過世，也是父親您的錯囉？」

「真的對不起……」

我聽了以後，沿著原路跑回家，心裡只覺得父親的詛咒就好樣一塊沉重大石壓著我。

沒想到老是要我敬愛天神的父親原來是個騙子！而我竟是詛咒神明者之子，這讓我感到厭惡。

我甚至開始懷疑起自己的存在，結果我既沒辦法好

齊克果

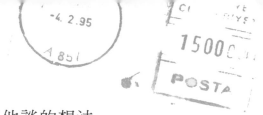

好跟父親談這件事，也沒有打算要跟他談的想法。

後來隨著時間慢慢經過，我在父親的促使下，前往哥本哈根大學攻讀神學，但結果我卻在那裡陷入哲學的魅力。

不過，我接著又面臨了新的試煉。也許是我對父親的厭惡，以及覺得所有過錯都在父親的意念使然，父親在那之後沒多久便離開人世。

我的心裡一直對父親感到愧疚，個性也更加陰鬱。

之後，我重新開始讀起神學。我心想，父親一直希望我攻讀神學，所以現在哪怕太晚，我也要完成父親的願望。

「詛咒老天爺又怎樣？那不就是過去的事情嗎？父親他一直懺悔到現在，要是這樣還不能原諒他的話，又何以稱作為神呢？」

為了忘卻父親的過錯，我十分努力學習。

我出版了《非此則彼》一書，並因為此書而一腳栽入哲學的世界裡。

 齊克果

我透過這本書，向世人說明美好的人生觀與倫理觀究竟為何。

而從這本書開始，我之後又出版了無數著作。

我的著作多半是以匿名或假名來發表，因為我不希望讀者在看到作者名稱後，就先入為主地替書本內容妄下定論。

我不喜歡人們因為是我說的話，就用二分法來把我說的話畫分成非對即錯，我只希望我的著作能幫助讀者自行判斷。

後來我寫的書，便開始慢慢出現我個人的哲學思想，也就是所謂的存在主義。

存在主義　齊克果

不僅是存在主義者，同時也是虔誠基督教徒的齊克果，被稱作是丹麥的先知、丹麥的蘇格拉底，他的思想在當時受到限制，卻在二十世紀時發揚光大，為眾人所知。

不同的哲學家故事 **19**

尚-保羅·沙特 1905~1980

存在主義者沙特的一生有很多獨特的個人軼事。

他最出名的事蹟，便是和伴侶訂下「契約」。他和西蒙波娃透過友人認識後墜入愛河，之後訂下「兩年契約」，兩人以不干涉彼此自由為前提一起生活，雖說是兩年期限，但最後卻不斷延長至兩人離世。

另外，沙特在就學期間並未認真聽講，老是穿著破破舊舊的衣服，而且天天喝酒。他和西蒙波娃都曾經參加中學教師資格考試，沙特得到第一名，而西蒙波娃成績也僅次於沙特。

哲學就在我心
拉美特利

1709～1751

所謂的哲學究竟是什麼？我認為哲學就是人生在世，為了達到作為「人」的目標，而有的一種指引或提示。不過這樣的哲學，對你們來說也許有些艱深。

那麼，我該舉什麼例子說明好呢？哲學的角色就像教你們課業的老師那樣，會給我們人類指引，告訴我們作為一個人生存下去時，該有什麼想法、該用什麼方式去思考。

我以前攻讀的是神學，那時不像現在這樣，只有神父或僧侶會學習關於宗教的東西，我們那時候有很多人都會學習神學，當時神學就是一種哲學。不過，我很快

地就感到厭倦。

　　最後，我放棄神學，走上醫學之路。

　　我想你們應該會有這樣的疑問：

　　「那又是怎麼從醫生走上哲學家之路的？」

　　其實，我是在很偶然的狀況下才進入哲學的世界。原本我打算在醫學院畢業之後，自己開間小診所幫人看診，不過就在那個時候，因為戰爭我加入了軍隊，成了一名軍醫。

　　我一直希望能夠幫助那些需要的人，軍醫則是我的考慮之一，只不過最後我在那場戰爭中體悟到了哲學。

　　當我在照顧傷患時，我罹患上了嚴重的熱病，那時我難受得痛不欲生。我不知道熱病竟然如此折磨人，其他軍醫雖然替我看診照護，但我一直高燒不退。

　　「他的呼吸變得好奇怪！快點拿藥給我，我要退燒劑！」

　　我聽到遠方同伴們的聲音，那時我心裡閃過這個念頭：

　　「啊，我不行了嗎？結果我居然是因為這樣離開人世嗎？真令人無言以對。」

我覺得好空虛，像是全身氣力都放空了一樣。可是就在那一瞬間，我感覺我的身體輕飄飄的，好像就要爆開一樣，體內壓著我無法呼吸的熱氣消失無蹤。我睜開眼，呆呆地望著四周。

你們看過有幽靈出現的電影嗎？就是那種感覺。我的手變得透明，周圍明明有一堆人，卻沒有人看得見我，而且我還看得到正在受苦的自己。

可是每當我身體痛苦地抖動，那痛苦的感受就會傳送到我的靈體上。當然，靈體上感到的痛楚遠比肉體上輕多了。

「原來人類的靈魂也會和身體連結啊！所以靈魂感到痛楚時，身體就會感到痛苦，而身體在痛苦時，靈魂也一樣會感受得到。」

在那一瞬間，我體會到這個不曾得知的事實。

當我再次睜開眼，我正躺在病床上。根據其他夥伴們所言，我昏迷了整整三天，而且高燒一直持續不退。

「要是你今天再不醒過來，那就真的危險了！」
夥伴們是這麼告訴我的。

我仔細查看我那還感受得到痛楚的身體，開始思考

感受到痛苦的，究竟是我的肉體，還是我的靈魂。

除此之外，也是在那個時候，我終於知道以往神學提到靈魂與身體是各自獨立分開的存在，以及痛楚也是各自分開感受的論點並非全然屬實。在那之後，我便以當時得知的事實作為我的哲學，是熱病喚醒了隱藏在我體內的哲學。

那時所罹患的熱病，完全地改變了我的人生。

我以這次的經驗作為基礎，開始撰寫書籍。

所謂的哲學，會依據每個人而有所不同。神學是將一種哲學傳播給眾人，但我所想的哲學卻並非如此。我認為每個人都有自己的一套哲學。哲學就只存在我們各自的內心，而非其他人，只是依據領會其中道理的時機，會決定我們是否能成為一名哲學家。

我馬上就把我的想法告訴其他人。

我告訴大家靈魂與肉體並非分離的個體，而是互相影響的存在，

所以只要我們的靈魂感到痛楚，身體也會一樣感到痛苦。我心裡很希望能告訴大家，那個在我罹患熱病時

 拉美特利

所發現到的事實。

　　但是研究神學的人，卻不認同我的看法，他們沒有辦法在一瞬間改變長久以來學習到的東西。當時的教會擁有相當大的規模，也握有很大的勢力，我只得一次又一次地和那些神學者們進行爭論。

　　「神不會原諒你的論點。我們的肉體只是承載靈魂的器具，肉體的痛楚怎麼可能影響靈魂？太不像話了！」

　　雖然他們試圖要說服我，但比起那些寫在書本裡的說法，我更相信我自己的經驗。

　　「不是的，靈魂與肉體是絕對不能分開的存在。如果靈魂感到痛苦，那麼身體必然也會有一樣感受。只要了解這個事實，那麼只要好好振作並打起精神，那麼我們人類就能活得更幸福。」

　　我堅持我的主張，絕不屈服。

　　最後法國這個虔誠的基督教國家，認定我犯了瀆神罪，並把我逐出國外。

　　雖然我被自己的國家逐出境，但我仍未因此停下對外發表我哲學思想的腳步。

 拉美特利

其實每個人心中都有相同分量的哲學思想存在，但我卻在極端的病況下察覺到自己的哲學思想，我認為這就是命運。我想，若神真的存在，祂一定也希望我把這個事實傳遞給眾人知道。這個想法與我對自己的信任，讓我毫不猶豫地走上了哲學家之路。

所謂的哲學，究竟是什麼？又是從何處而來？

你們知道嗎？我認為每個人的心裡都有哲學，就算你們現在還不能察覺到，不過其必然存在於你我心中。

法國啟蒙哲學家　拉美特利

拉美特利是一個法國的醫學家與哲學家，為啟蒙時代最具代表性的唯物論者，曾在自己的著作《人是機器》裡提到所有精神作用之根源，就是被稱為感覺的物質性機能，而這個機能會在大腦裡產生物理作用，並產生各種不同的意識現象。

不同的哲學家故事 ⑳
荀子

B.C. 298 ~ B.C. 238

荀子是戰國時代的人物，繼孔孟兩人之後，認為必須
以禮來維持社會秩序。他主張人性本惡，並在自己的
著作《荀子》一書中寫下這樣的說明：

「人類的天性喜歡利益，要是每個人都按照自己的天
性生活，會互相爭吵與搶奪。除此之外，人類生來就
有妒忌憎恨的心理，依順這種人性，則人類最終將互
相殘殺陷害。」

荀子認為我們人類在出生的那一瞬間起，就是一個惡
的存在。

他認為只有徹底以禮教育人民，才能抑制天性之惡，
使社會變得健全。

175

誕生自連諾貝爾得獎者都愛讀的
《小孩的科學》！

由各界專家學者攜手編寫，是親子共讀必備的小百科

每天10分鐘！
就能了解簡單又貼近生活的超有趣知識

🌐 本系列特色

★ 淺顯易懂的囊括生活周遭的有趣小知識，引導孩子喜歡上科學‧數學。

★ 由各界領頭專家學者群編寫，並由月刊雜誌《小孩的科學》編輯部負責編輯。可以吸收到最新、最正確的知識。

★ 設計許多「試試看」、「做做看」、「玩玩看」等能夠與家人同樂及動手體驗的主題。還有許多知識可以當成暑假作業的主題！

★ 內容豐富，從孩子單純的疑問到父母也不知道的資訊與歷史應有盡有。討論相關的話題，可以促進親子間的知識性交流。

© Seibundo Shinkosha Publishing Co., Ltd 2016

數學科學百科
趣味數學小故事365

日本數學教育學會研究部／監修　　定價1,200元

想讓更多人喜歡數學，就必須從生活中提升對數學的興趣，讓數學不只是課堂上的生硬知識，而是富有創造性的有趣主題。

© Seibundo Shinkosha Publishing Co., Ltd 2015

自然科學百科
有趣科普小常識365

自然史學會連合／著　　定價1,000元

在共讀過程中，藉由大人的協助，孩子們對大自然的理解會更加深入，大人也能從中獲得樂趣，是促進親子知識性交流必備的小百科！

歡迎洽詢訂購 ▶ http://www.tohan.com.tw/

東販出版

戶名：台灣東販股份有限公司　郵撥帳號1405049-4
地址：台北市南京東路4段130號2F-1　TEL／(02)2577-8